***ACCESO GRATIS** a la Lectura en la Nube*

Para visualizar el libro electrónico en la nube de lectura envíe junto a su nombre y apellidos una fotografía del código de barras situado en la contraportada del libro y otra del ticket de compra a la dirección:

ebooktirant@tirant.com

En un máximo de 72 horas laborales le enviaremos el código de acceso con sus instrucciones.

La visualización del libro en **NUBE DE LECTURA** excluye los usos bibliotecarios y públicos que puedan poner el archivo electrónico a disposición de una comunidad de lectores. Se permite tan solo un uso individual y privado

EL CONTROL DE CONVENCIONALIDAD EN EL SISTEMA INTERAMERICANO DE DERECHOS HUMANOS

UNA APUESTA ARRIESGADA Y LOS PROBLEMAS DE EFECTIVIDAD EN LA PRÁCTICA

COMITÉ CIENTÍFICO DE LA EDITORIAL TIRANT LO BLANCH

María José Añón Roig
Catedrática de Filosofía del Derecho de la Universidad de Valencia
Ana Cañizares Laso
Catedrática de Derecho Civil de la Universidad de Málaga
Jorge A. Cerdio Herrán
Catedrático de Teoría y Filosofía de Derecho. Instituto Tecnológico Autónomo de México
José Ramón Cossío Díaz
Ministro en retiro de la Suprema Corte de Justicia de la Nación y miembro de El Colegio Nacional
María Luisa Cuerda Arnau
Catedrática de Derecho Penal de la Universidad Jaume I de Castellón
Manuel Díaz Martínez
Catedrático de Derecho Procesal de la UNED
Carmen Domínguez Hidalgo
Catedrática de Derecho Civil de la Pontificia Universidad Católica de Chile
Eduardo Ferrer Mac-Gregor Poisot
Juez de la Corte Interamericana de Derechos Humanos Investigador del Instituto de Investigaciones Jurídicas de la UNAM
Owen Fiss
Catedrático emérito de Teoría del Derecho de la Universidad de Yale (EEUU)
José Antonio García-Cruces González
Catedrático de Derecho Mercantil de la UNED
José Luis González Cussac
Catedrático de Derecho Penal de la Universidad de Valencia
Luis López Guerra
Catedrático de Derecho Constitucional de la Universidad Carlos III de Madrid
Ángel M. López y López
Catedrático de Derecho Civil de la Universidad de Sevilla
Marta Lorente Sariñena
Catedrática de Historia del Derecho de la Universidad Autónoma de Madrid
Javier de Lucas Martín
Catedrático de Filosofía del Derecho y Filosofía Política de la Universidad de Valencia
Víctor Moreno Catena
Catedrático de Derecho Procesal de la Universidad Carlos III de Madrid
Francisco Muñoz Conde
Catedrático de Derecho Penal de la Universidad Pablo de Olavide de Sevilla
Angelika Nussberger
Catedrática de Derecho Constitucional e Internacional en la Universidad de Colonia (Alemania). Miembro de la Comisión de Venecia
Héctor Olasolo Alonso
Catedrático de Derecho Internacional de la Universidad del Rosario (Colombia) y Presidente del Instituto Ibero-Americano de La Haya (Holanda)
Luciano Parejo Alfonso
Catedrático de Derecho Administrativo de la Universidad Carlos III de Madrid
Consuelo Ramón Chornet
Catedrática de Derecho Internacional Público y Relaciones Internacionales de la Universidad de Valencia
Tomás Sala Franco
Catedrático de Derecho del Trabajo y de la Seguridad Social de la Universidad de Valencia
Ignacio Sancho Gargallo
Magistrado de la Sala Primera (Civil) del Tribunal Supremo de España
Elisa Speckmann Guerra
Directora del Instituto de Investigaciones Históricas de la UNAM
Ruth Zimmerling
Catedrática de Ciencia Política de la Universidad de Mainz (Alemania)

Fueron miembros de este Comité:
Emilio Beltrán Sánchez, Rosario Valpuesta Fernández y Tomás S. Vives Antón

Procedimiento de selección de originales, ver página web:
www.tirant.net/index.php/editorial/procedimiento-de-seleccion-de-originales

EL CONTROL DE CONVENCIONALIDAD EN EL SISTEMA INTERAMERICANO DE DERECHOS HUMANOS

UNA APUESTA ARRIESGADA Y LOS PROBLEMAS DE EFECTIVIDAD EN LA PRÁCTICA

FLORABEL QUISPE REMÓN

uc3m | Universidad **Carlos III** de Madrid
Departamento de Derecho Internacional, Eclesiástico y Filosofía del Derecho

Universidad Rey Juan Carlos | Centro de Estudios de Iberoamérica | ceib

tirant lo blanch
Valencia, 2024

Copyright ® 2024

Todos los derechos reservados. Ni la totalidad ni parte de este libro puede reproducirse o transmitirse por ningún procedimiento electrónico o mecánico, incluyendo fotocopia, grabación magnética, o cualquier almacenamiento de información y sistema de recuperación sin permiso escrito de los autores y del editor.

En caso de erratas y actualizaciones, la Editorial Tirant lo Blanch publicará la pertinente corrección en la página web www.tirant.com.

La presente obra ha sido sometida a la revisión de pares ciegos según el protocolo de publicación de la editorial a efectos de ofrecer el rigor y calidad correspondiente tanto en su contenido como en su forma, aplicándose los criterios específicos aprobados por la Comisión Nacional E 016 (BOE num. 286, de 26 de noviembre de 2016).

Este trabajo se realiza en el marco del Proyecto "ODS, derechos humanos y Derecho Internacional" (PG.C 2018-095805-BI00).

El libro se desarrolla en el marco del Proyecto financiado por el PID2022-138339OB-100 Vacíos normativos y desarrollo progresivo de la Agenda 2030 y del principio de sostenibilidad. Especial relevancia para España.

© Florabel Quispe Remón
Prof. Titular de Derecho internacional
y Relaciones internacionales
Universidad Carlos III de Madrid
ORCID: 0000-0001-8529-4658

© TIRANT LO BLANCH
EDITA: TIRANT LO BLANCH
C/ Artes Gráficas, 14 - 46010 - Valencia
TELFS.: 96/361 00 48 - 50
FAX: 96/369 41 51
Email: tlb@tirant.com
www.tirant.com
Librería virtual: www.tirant.es
DEPÓSITO LEGAL: V-4149-2023
ISBN: 978-84-1197-648-0

Si tiene alguna queja o sugerencia, envíenos un mail a: *atencioncliente@tirant.com*. En caso de no ser atendida su sugerencia, por favor, lea en *www.tirant.net/index.php/empresa/politicas-de-empresa* nuestro procedimiento de quejas.

Responsabilidad Social Corporativa: http://www.tirant.net/Docs/RSCTirant.pdf

A Sofía, Alejandro y Marcelo,
quienes con su amor incondicional me alimentan día a día,
y constituyen soportes indispensables en mi vida.

Índice

PARTE I
EL ESTADO FRENTE AL DERECHO INTERNACIONAL DE LOS DERECHOS HUMANOS Y AL SISTEMA INTERAMERICANO DE DERECHOS HUMANOS

PARTE II
ORIGEN Y EVOLUCIÓN DEL CONTROL DE CONVENCIONALIDAD EN EL SISTEMA INTERAMERICANO DE DERECHOS HUMANOS

Abreviaturas

ASEAN	Asociación de Naciones del Asia Sudoriental
CADH	Convención Americana sobre Derechos Humanos
Carta Africana	Carta Africana de los Derechos Humanos y de los Pueblos
CDH	Comité de Derechos Humanos
CEDH	Convención Europea de Derechos Humanos y Libertades Fundamentales
CI	Comunidad Internacional
Corte Interamericana, Corte IDH, La Corte	Corte Interamericana de Derechos Humanos
CV69	Convención de Viena sobre el Derecho de los Tratados
DDFF	Derechos Fundamentales
DDHH	Derechos Humanos
Declaración Americana	Declaración Americana de Derechos y Deberes del Hombre
DI	Derecho Internacional
DIDH	Derecho Internacional de los Derechos Humanos
DUDH	Declaración Universal de los Derechos Humanos
ECOSOC	Consejo Económico y Social
EEMM	Estados Miembros

La Carta	Carta de las Naciones Unidas
ODS	Objetivos de Desarrollo Sostenible
OEA	Organización de los Estados Americanos
ONU	Organización de las Naciones Unidas
OOII	Organizaciones Internacionales
OUA	Organización para la Unidad Africana
PIDCP	Pacto Internacional de Derechos Civiles y Políticos
PIDESC	Pacto Internacional de Derechos Económicos, Sociales y Culturales
SEE	Sistema de Estados Europeos
SI	Sociedad Internacional
SIDH	Sistema Interamericano de Derechos Humanos
TEDH	Tribunal Europeo de Derechos Humanos
TIJ	Tribunal Internacional de Justicia
TPJI	Tribunal Permanente de Justicia Internacional
UA	Unión Africana

Prólogo

Jorge Luis Borges escribió muchos prólogos y mucho sobre prólogos. Borges decía que "un libro (creo) debe bastarse. Una convención editorial requiere, sin embargo, que lo preceda algún estímulo en letra bastardilla que corre el peligro de asemejarse a esa otra página en blanco que precede a la falsa carátula. Con la insegura autoridad que nos da despachar un prólogo, arriesgo pues, las solicitudes que siguen". (*Prólogos con un prólogo de prólogos.* Buenos Aires: Torres Agüero Editor, 1975, pág. 72). En otra ocasión, Borges decía que "el prólogo, en la triste mayoría de los casos, linda con la oratoria de sobremesa o con los panegíricos fúnebres y abunda en hipérboles irresponsables, que la lectura incrédula acepta como convenciones del género". (Ídem, pág. 14). Y más aún, nos daba algunas pistas de qué propósitos y contenidos debía tener un prólogo. "Debe continuar las persuasiones de la vidriera, de la carátula, de la faja, y arrepentir cualquier deserción. Si el libro es ilegible y famoso, se le exige aún más. Se espera de él un resumen práctico de la obra y una lista de sus frases rumbosas para citar y una o dos opiniones autorizadas para opinar y la nómina de sus páginas más llevaderas". (*Textos Recobrados* 1919-1929. Buenos Aires: Emecé, 1997, pág. 330).

Florabel Quispe Remón me invitó a compartir una "sobremesa" con ella, a modo de prólogo, de su libro *"El control de Convencionalidad en el Sistema interamericano de derechos humanos. Una apuesta arriesgada y los problemas de efectividad en la práctica"*. Por eso, le pido al lector indulgencia ya que los garabatos que siguen serán mis dichos o mejor mis silencios. Es poco lo que puedo agregar, en esa conversación imaginaria de sobremesa con Florabel. Requiero de la indulgencia pues, al igual que Borges, tengo "insegura autoridad" frente a un texto que abarca de manera profunda, inteligente, crítica, apasionada y acabada un análisis de la práctica (con sus fortalezas, debilidades, inconsistencias e ineficacias) de la Corte Interamericana de Derechos Humanos (la Corte) en materia de control de convencionalidad. Mis silencios, se deben a cuatro motivos. Primero, el libro se basta así mismo como lo requería Borges. Quispe Remón nos presenta una obra que cubre todos los aspectos relevantes del control de convencionalidad, esa teoría que inventó la Corte requiriendo que todo funcionario público o agente estatal (pero fundamentalmente quienes ejercen funciones judiciales) analicen toda práctica y normativa estatal para asegurar su compatibilidad con la Convención Americana sobre Derechos Humanos (la Convención) interpretada por la Corte.

Quiero evitar las "hipérboles irresponsables" (que, en este caso, no serían ni hipérboles ni irresponsables debido a la calidad de la obra). Omito también "frases rumbosas", pues no harían suficiente justicia a los méritos de la obra de Florabel. Al contrario de la "ilegibilidad" de la que nos advertía Borges, *"El control de Convencionalidad en el Sistema interamericano de derechos humanos. Una apuesta arriesgada y los problemas de efectividad en la práctica"* se destaca por la claridad del texto, por la lectura llevadera, amena, clara. Quispe Remón evita incurrir en el lenguaje arcaico, complejo, críptico, denso, difícil, enigmático, hermético, incomprensible, indescifrable, ininteligible, latinizado, lento, oscuro, rígido, tecnicista del Derecho (incluidas muchas veces las sentencias de la Corte). De hecho, el libro es una refrescante contraposición con la extensión excesiva de las sentencias de la Corte Interamericana. Muchas de las decisiones del Tribunal Interamericano pecan del abuso del arte del "copiar y pegar" sus textos con citas jurisprudenciales muchas veces irrelevantes con el tema a tratar o que carecen de congruencia con el argumento desarrollado. A diferencia de *"El control de Convencionalidad en el Sistema interamericano de derechos humanos. Una apuesta arriesgada y los problemas de efectividad en la práctica"* las decisiones de la Corte en múltiples ocasiones abruman a sus lectores por esa avalancha de citas e información, por la carencia de ideas claras, concisas, sin acudir a largos razonamientos cargados de ambigüedades cuando no de contradicciones. Ello es doblemente peligroso, como claramente lo advierte Quispe Remón al sostener que el éxito del control de convencionalidad depende de que los jueces latinoamericanos adopten y sigan la jurisprudencia de la Corte Interamericana. Nos explica que, para lograrlo, los jueces (los cientos de miles de toda América Latina) deberían estar capacitados, con acceso, conocimiento, comprensión y entendimiento de la jurisprudencia interamericana. Esto de por sí es una tarea titánica (y para Florabel, casi imposible de lograr). Pero si a esta necesaria acción de difusión y entrenamiento judicial se le agrega la decodificación y lectura detenida que requieren los textos judiciales de la Corte, se raya casi en la utopía.

Veamos un ejemplo de lo que venimos sosteniendo, utilizando el Caso García Rodríguez y otro vs. México, el primer caso resuelto en el año 2023 por el Tribunal (Corte IDH. Caso García Rodríguez y otro vs. México. Excepciones Preliminares, Fondo, Reparaciones y Costas. Sentencia de 25 de enero de 2023. Serie C No. 482). El tema principal del caso era la figura del *arraigo* que permitía la detención, para fines investigativos y sin supervisión judicial, en casos de narcotráfico y crimen organizado. La sentencia tiene una extensión de 89 páginas, 338 párrafos, 294 notas a pie de página, 2 puntos decisorios, 5 puntos declarativos y 20 puntos dispositivos. A pesar de ello, el "análisis" de la Corte sobre el arraigo se limita a 7 párrafos (ver punto declarativo 4 remitiéndose a los párrafos 146 a 151, 179 y 187). Al "regresar" a esos párrafos, se encuentra que en realidad solo dos de ellos, los 150 y 151, contienen un análisis genérico sobre la incompatibilidad del arraigo con la Convención Americana. En esos párrafos, a diferencia del resto de la sentencia, no se hace referencia a precedentes interamericanos. La Corte explica el control de convencionalidad en el Caso García Rodriguez, en el párrafo 303 de su sentencia. La doctrina del control se desarrolla en una sola oración de 149 palabras, 10 líneas de extensión, utilizando 10 comas separadoras y una frase en latín... ¿Cómo se espera que los cientos de miles de jueces latinoamericanos apliquen estos párrafos perdidos entre las tres centenas de apartes decodificando el razonamiento de la Corte? Le asiste razón a Florabel en su pesimismo al respecto.

Frente a estas reservas, Quispe Remón dedica su libro a explicar y justificar un modelo alternativo de control de convencionalidad desarrollado por la Corte. Su premisa, compartida por el Tribunal Interamericano, es la de la necesidad del cumplimiento efectivo de los derechos humanos contenidos en los tratados internacionales debidamente ratificados por el Estado respectivo. Sin embargo, el control de convencionalidad ejercido de oficio por todas las autoridades (particularmente las judiciales) propuesto por el Tribunal Interamericano presenta enormes dificultades, algunas de las cuales señalamos más arriba y que son explicadas claramente en el libro que se prologa. Por ello, Florabel propone un modelo más realista que recupere el rol de los sistemas nacionales constitucionales y judiciales. La respuesta a la "apuesta arriesgada" con "problemas de efectividad en la práctica" del control de convencionalidad exige reconocer que en América Latina todas las constituciones reconocen un estatus jerárquico particular a los tratados de derechos humanos y que los jueces ya desarrollan un control de constitucionalidad (que subsume al de convencionalidad). En otras palabras, llaman a la Corte Interamericana a actuar con mayor humildad prestando mayor atención y fortaleciendo a los jueces latinoamericanos, primera línea de defensa de los derechos humanos.

Yo simplemente invito al lector a disfrutar y aprender de esta magnífica obra.

ARIEL DULITZKY
Director Human Rights Clinic
University of Texas at Austin
Junio de 2023

Introducción

Los derechos humanos (DDHH) constituyen hoy por hoy un tema transversal y prioritario de todos los sistemas democráticos y respetuosos del Estado de Derecho. El origen de los DDHH como se conocen en la actualidad es propio del Derecho Internacional (DI) contemporáneo. Encontramos su partida de nacimiento a nivel universal en la Declaración Universal de los Derechos Humanos (DUDH), adoptada el 10 de diciembre de 1948, y desde entonces advertimos un amplio desarrollo, más allá del ámbito universal.

El Sistema Interamericano de Derechos Humanos (SIDH), un sistema regional, no ha sido ajeno a este desarrollo, es más, su origen se remonta a casi ocho meses antes a la adopción de la DUDH. Lleva setenta y cuatro años de existencia y en todo este periodo ha ido evolucionando y, cada vez más, protegiendo los DDHH de todas las personas de los Estados que forman parte de este sistema. Gracias a éste, la protección de los DDHH se ha incrementado en la región, aunque quedan aún muchos Estados que no han asumido a cabalidad el compromiso de formar parte del SIDH y, por ende, de proteger los DDHH de quienes se encuentran en su territorio o bajo su jurisdicción.

Si bien el SIDH cuenta con dos órganos de protección, la Comisión Interamericana y la Corte Interamericana de Derechos Humanos (Corte Interamericana o Corte IDH), en el presente trabajo me referiré a la labor de la última, debido al tema de investigación.

La Corte Interamericana, órgano judicial del SIDH, ha jugado y juega un papel importante en el desarrollo de dicho sistema regional y en la protección de los DDHH, siempre *pro homini*, de todas las personas que se encuentran bajo la jurisdicción de los Estados que forman parte del sistema. Así, en este contexto de mejorar cada vez más la protección de los DDHH, ha introducido en su jurisprudencia desde el año 2006 una figura conocida como control de convencionalidad y hoy constituye parte del ADN de este sistema regional de protección de los DDHH.

El presente trabajo tiene por objeto:

a) conocer en profundidad esta figura jurídica de la mano de la Corte Interamericana y determinar si su incorporación y aplicación es conforme a la Convención Americana de Derechos Humanos (CADH).

b) conocer cuáles son las obligaciones de los Estados que han ratificado la CADH y de los Estados que, además, han asumido la competencia contenciosa de este órgano judicial, y si le es exigible el control de convencionalidad.

c) conocer si la Corte IDH tiene competencia para exigir el control de convencionalidad a los Estados.

d) cuál es la repercusión de su existencia y aplicación, y si es realmente efectiva en la protección de los DDHH.

Así, para analizar esta figura es importante plantearse algunas preguntas. ¿La Corte tiene competencia para exigir el cumplimiento del control de convencionalidad?, ¿cuál es el argumento jurídico para la aplicación del control de convencionalidad por parte de la Corte IDH?,¿los Estados están obligados conforme al DI a cumplir con el control de convencionalidad?, ¿los Estados parte del SIDH han asumido la obligación de cumplir con esta figura jurídica a través de la firma de un tratado?, ¿cuál es el alcance y los límites de esta figura?, ¿cuál es el *statu quo* de la situación?, ¿qué ha cambiado desde el 2006 en el SIDH, año en que por primera vez se hace uso de la figura control de convencionalidad?, ¿hasta dónde llega la potestad de la Corte para exigir determinados cumplimientos a los Estados? y ¿hasta dónde llega la obligación de los Estados que han ratificado y han asumido la competencia contenciosa de la Corte?

A fin de dar respuesta a estas interrogantes, el trabajo se divide en dos partes. En la primera parte, se aborda la obligación del

Estado frente al Derecho internacional, especialmente frente al Derecho Internacional de los Derechos Humanos (DIDH) y al SIDH, en la cual se analizará primero, la internacionalización de los DDHH, así como la soberanía y su relación con los DDHH, teniendo en cuenta la Convención de Viena sobre el Derecho de los Tratados (CV69), especialmente el principio de la buena fe, el consentimiento y la relación del Derecho Interno e Internacional; se focaliza en el papel de la Organización de los Estados Americanos (OEA) y en los principales instrumentos de DDHH en el SIDH, especialmente en la CADH, y la obligación y potestades de los Estados, conforme a este tratado.

En la segunda parte se estudia el control de convencionalidad según la jurisprudencia de la Corte IDH. Se analiza el origen y la incorporación de esta figura en la jurisprudencia de la Corte a través de votos razonados, en los cuales que se determina el alcance del control de convencionalidad y se aborda el desarrollo de manera minuciosa del control de convencionalidad a lo largo de su jurisprudencia, desde su primera sentencia en el caso Almonacid Arellano en 2006 hasta la actualidad, a fin de dar respuesta a las cuestiones planteadas. Analizar esta jurisprudencia, nos permitirá conocer las razones y motivos de su incorporación en la jurisprudencia y su desarrollo, a fin de determinar su alcance y dar un concepto a la luz de las decisiones de la Corte.

Abordar estos aspectos resulta de interés relevante para contextualizar y conocer el contenido que ha desarrollado el órgano judicial para esta figura. Para ello, como no puede ser de otra manera, se acudirá a la jurisprudencia del Sistema Interamericano, llámese sentencias y opiniones consultivas, además de ciertas resoluciones de medidas cautelares y de supervisión, vinculadas con el tema, así como a los principales tratados de derechos humanos, especialmente los del SIDH, y a la doctrina más relevante.

La metodología elegida es la dogmática jurídica; el estudio va de lo general a lo particular, es decir, realiza un primer análisis de la relación de los Estados con el DIDH y su obligación frente al SIDH, y la relación de los Estados con la figura jurídica conocida como control de convencionalidad, conforme a la CADH. Luego se procede al análisis minucioso de la jurisprudencia, para determinar el alcance de esta figura, así como el desarrollo doctrinal. Finalmente terminaremos el trabajo con unas conclusiones.

PARTE I

EL ESTADO FRENTE AL DERECHO INTERNACIONAL DE LOS DERECHOS HUMANOS Y AL SISTEMA INTERAMERICANO DE DERECHOS HUMANOS

1. LA SOBERANÍA DE LOS ESTADOS Y LOS DERECHOS HUMANOS: UNA RELACIÓN ESPECIAL Y CONTRADICTORIA

Paralelamente al nacimiento de los Estados nace el reconocimiento de la soberanía y la integridad de los mismos. En este contexto, hay que mencionar un hecho que marcó un antes y un después en la sociedad internacional, la Paz de Westfalia de 1648, un acontecimiento importante en la historia y un antecedente trascendental para el desarrollo de muchos principios que hoy rigen el comportamiento de la sociedad internacional, así como para la existencia de las organizaciones internacionales. Valorada "como el *punto de partida del Derecho internacional moderno,* base de las relaciones internacionales hasta la Revolución francesa"[1].

La paz de Westfalia dio lugar al primer congreso diplomático moderno y al nacimiento del Estado-Nación. A partir de entonces se inicia un nuevo orden en Europa central basado en la soberanía de los Estados y la integridad territorial, fundamento de la existencia de los Estados. Un nuevo orden mundial que consagra el nacimiento del Sistema de Estados Europeos (SEE)[2]. Éste toma al Estado como base del orden internacional. En palabras de Barbé, en términos internacionales el Tratado de Westfalia supone el punto de partida de un nuevo mundo que da paso al monopolio de la autoridad política sobre un territorio determinado[3]. Los Estados soberanos son sujetos primarios en Derecho internacional "cuya subjetividad aún hoy depende en amplia medida de la *efectividad* de

---

1 MARIÑO MENENDEZ, F., "La protección internacional de los derechos humanos desde la paz de Westfalia hasta la Revolución francesa", en PECES-BARBA MARTÍNEZ, G., FERNÁNDEZ GARCIA, E., DE ASÍS ROIG, R. (Dirección), *Historia de los Derechos Fundamentales,* Tomo II: Siglo XVIII, vol. III, Dykinson, 2001, p.445.

2 PANIAGUA REDONDO, R. "Aproximación conceptual al Derecho internacional público", *Anuario de Derecho Internacional,* vol. XIV, 1998, p.348.

3 BARBÉ, E., "El Estado como actor internacional: crisis y consolidación del sistema de Estados", *Papers: Revista de Sociología,* N° 41, 1993, p.35.

su organización colectiva como organización de poder soberano"[4]. Es el sujeto que posee todos los derechos y deberes internacionales reconocidos por el Derecho internacional[5]. Son los encargados de crear las normas y a la vez son los destinatarios y los encargados del cumplimiento de las mismas, aunque no los únicos[6]. Lo cierto es que el nacimiento de los Estados va acompañado de la noción de soberanía e integridad territorial. Así, como señala Ferrajoli, la noción de soberanía como "*suprema potestas superiorem non recognoscens* se remonta al momento de la aparición de los grandes Estados nacionales europeos y al debilitamiento, a inicios de la Edad Moderna, de la idea de ordenamiento jurídico universal que la cultura medieval había heredado de la romana"[7]. Hablamos de un periodo que dista mucho del actual, en el que existía una pequeña cantidad de Estados situados en lo que hoy conocemos como Europa occidental, caracterizada por ser reducida, por su homogeneidad en el ámbito económico, político, social y cultural, "un club privado de Estados europeos" y casi todo el escenario de los acontecimientos internacionales gravitaba en torno a Europa, donde las relaciones con otros centros de poder, fuera de Europa, era de superioridad y dominación. Sus relaciones eran básicamente horizontales entre Estados sin depender de una entidad externa o superior y donde el Derecho internacional era fundamentalmente de coordinación[8].

Entonces no podíamos hablar de los DDHH como conocemos hoy en día. En cualquier caso, los derechos, más bien privilegios,

---

4 MARIÑO, F. *Derecho Internacional Público* (Parte General), Trotta, 2005, p.97.

5 Tribunal Internacional de Justicia, dictamen en el asunto del Sahara Occidental, *Recueil,1975*, p.152.

6 Si bien, los Estados son los sujetos principales del Derecho internacional, hoy en día existen otros sujetos como las organizaciones internacionales, las personas, los pueblos, etc.

7 FERRAJOLI, L., *Derechos y garantías, La ley del más débil*, Trotta, 2001, p.125.

8 DÍEZ DE VELASCO, M., *Instituciones de Derecho Internacional Público*, Tecnos, 18 edición, 2013, p. 63. En el mismo sentido CARREAU, D., *Droit International*, Pedone, 2004, pp.18-20.

eran potestad de los Estados o los Reyes, sin que nadie pudiera objetar su decisión. Entre otros, no se podía hablar de derechos porque el concepto de derecho subjetivo aún no estaba presente en aquel entonces[9]. Así, en el Derecho internacional clásico, la persona era considerada un objeto y no un sujeto, aunque sea con capacidad limitada en el Derecho internacional, como es hoy en día. El único sujeto por excelencia del Derecho internacional y, por ende, el ente soberano sobre sus ciudadanos y aquellos que se encontraban bajo su jurisdicción, era el Estado. Si bien los manuales del siglo XIX, dice Fernández Liesa, se preocupaban en ocasiones del papel del individuo, pero no como sujeto de Derecho internacional, ni como objeto de protección relevante del ordenamiento[10]. Así, este autor se refiere a la incipiente protección frente a la esclavitud, de la protección de las minorías, de la protección de los extranjeros, mediante ciertos privilegios, o de los pocos desarrollados usos de la guerra[11].

Por ello, como dice Carillo Salcedo, la soberanía es consustancial al Estado, lo que implica un poder autónomo supremo o *suma potestas* en la conducción de sus relaciones con sus propios sujetos, y un poder de determinar libremente su conducta con los otros Estados[12]. Pero, que un Estado sea soberano, no significa que esté por encima del Derecho, solo quiere decir que es independiente, que no depende de ningún otro Estado[13]. La Soberanía no significa que no esté sometido a reglas obligatorias que le son superiores; significa que no está sometido sin su consentimiento a ninguna autoridad ni organismo que le imponga

---

9 Véase: La Carta Magna de Inglaterra de Inglaterra, aprobada por el Rey Juan sin tierra en 1215.

10 FERNÁNDEZ LIESA, C., *El derecho internacional de los derechos humanos en perspectiva histórica*, Civitas-Thomson Reuters, 2013, p.65.

11 Ídem, p.64.

12 DÍEZ DE VELASCO, M., *Instituciones de Derecho Internacional Público*, ob.cit., p.279.

13 AKEHURTS, M., *Introducción al Derecho Internacional*, Alianza, 1979, p.28.

una obligación[14]. Así, para Hugo Grocio, quien fue el primero en ofrecer una exposición de conjunto del Derecho de Gentes y quien alude de forma explícita a la soberanía[15], es soberano aquel cuyos actos no pueden anularse por el arbitrio de "otra voluntad humana", pero el soberano está sujeto a un Derecho de Gentes, que obliga a "todos los reyes" y que resulta de la sociabilidad innata del hombre[16]. Así, para Anzilotti el Estado es un ente soberano e independiente que no depende de ningún otro sujeto de Derecho internacional, solo depende del Derecho internacional[17]. Otros como Akehurts, reconocen que los Estados son poderosos, pero consideran que el acento en la soberanía exagera su poder y les incita a abusar del él[18]. Lo cierto es que la soberanía es una noción clave para la construcción político-jurídica de la Modernidad y el vigente Derecho internacional, cuyo límite está vinculado con los derechos humanos.

En el tránsito a la modernidad, dice De Asís Roig, es cuando encontramos el nacimiento del poder, el Estado moderno y los derechos fundamentales (DDFF). Es cuando los derechos fundamentales se constituyen en límites al poder, lo que implica que la actuación y la organización del poder no podrá ser contraria a estos derechos, es más; la actuación de los Estados debe estar presidida por estos y no ser transgredidos por el poder. Estos límites incluyen no solo la actuación sino también la organización[19]. Esa

---

14 COLARD, D., *Les Relations Internationales de 1945 à nos jours*, Paris, Masson, Coll, 1991, p.87.

15 TRUYOL Y SERRA, A., *Historia de la Filosofía del Derecho y del Estado II. Del Renacimiento a Kant*, Alianza Editorial, 1995, pp.66-67.

16 GROCIO, H., *De jure belli ac pacis*, Paris, 1625, I, 3, 16, 1. La cita en TRUYOL Y SERRA, A. *Fundamentos de Derechos Internacional Público*, 4 ed., Tecnos 1977, p.167.

17 ANZILOTTI, D., *Corso di Diritto Internazionale*, Podova: CEDAM, 1955, p.282.

18 AKEHURTS, M., *Introducción al Derecho Internacional*, ob.cit., p. 28.

19 DE ASÍS ROIG, R., *Las paradojas de los derechos fundamentales como límites al poder*, Instituto de Derechos Humanos Bartolomé de las Casas, Universidad Carlos III de Madrid, Dykinson, 2000, pp.24-27.

idea de límite del poder, en palabras de De Asís Roig, tiene que ser proclamada con cautela, ya que se trata de un relativo límite al que él denomina "limitado límite" por cuanto para que los DDFF se conviertan en instrumentos que limitan la actuación del poder, es necesario que formen parte del Derecho, siendo de vital importancia su juridificación, pero sin olvidar que esta juridificación y el encargado de que los derechos sean eficaces, es el poder[20]. Así, en palabras de este autor, los DDFF se presentan como límites al poder, pero es el poder el que los reconoce, produciéndose, lo que el autor denomina, la "paradoja de la positivación", que plantea el problema de la auto obligación. Es el poder el que puede afectar a los DDHH y a la vez el que protege contra las afecciones. "En definitiva el poder protege contra su misma actividad"[21]. Al fin y al cabo "los derechos humanos son aquellos que determina el legislador y se define con el régimen jurídico que él mismo haya previsto, lo cual, entre otras cosas, equivaldría a dejar en manos del poder un instrumento nacido precisamente para limitar y controlar el poder, pero que al mismo tiempo representa una apetecida fuente de legitimidad para cualquier orden político"[22]. Si bien, los DDHH son un límite al poder absoluto de un Estado democrático, pero también dependen de la buena voluntad de ellos limitar y garantizar su protección a través de adopción de medidas o suprimiendo medidas que afecten estos derechos. "La fórmula 'derechos fundamentales como límites al poder', desde esta perspectiva, hace necesario un cambio en el significado de límite. No es tanto una limitación sino una actuación delimitada"[23].

Lo cierto es que, como consecuencia del reconocimiento de los DDHH, la soberanía del Estado se ha visto alterada. Para algunos "el paradigma de la soberanía alcanza su máximo esplendor

---

20 Ídem, p.53

21 DE ASÍS ROIG, R., *Las paradojas*, ob.cit., p. 85.

22 PRIETO, L., Estudio sobre Derechos Fundamentales, Debate, Madrid, 1990, p. 88, en DE ASÍS ROIG, R., *Las paradojas de los derechos fundamentales…*, ob.cit.

23 DE ASÍS ROIG, R., *Las paradojas …*, ob. cit. p. 69.

y a la vez el momento de su trágico fracaso en la primera mitad de nuestro siglo con la nueva guerra europea de los treinta años (1914-1945), en la que se incluyen las dos guerras mundiales, y que le llevan, por así decir, al suicidio"[24]. Así, la transformación del orden jurídico mundial, en su dimensión normativa, la encontramos con la adopción de la Carta de las Naciones Unidas en 1945 y tres años más tarde con la adopción de la DUDH[25]. "Por ello la soberanía externa del Estado –en principio– deja de ser una libertad absoluta y salvaje y queda subordinada, jurídicamente a dos normas fundamentales: el imperativo de la paz y la tutela de los derechos humanos"[26].

Así, desde el nacimiento de la Organización de las Naciones Unidas (ONU), a través de la Carta de las Naciones Unidas (La Carta), en 1945, se inicia una nueva etapa para el Derecho Internacional (DI), el nacimiento del DIDH, y tras la adopción de la DUDH en 1948, el nacimiento del Sistema Universal de los DDHH y casi dos décadas después se consolida esta idea de reconocimiento de derechos con la adopción de los dos pactos, el Pacto Internacional de Derechos Civiles y Políticos (PIDCP) y el Pacto Internacional de Derechos Económicos, Sociales y Culturales (PIDESC), ambos de 1966. La consagración de los DDHH a través de estos instrumentos en la ONU, conocidos como la Carta Internacional de los DDHH, hace que los DDHH sean no solo constitucionales, sino también supraestatales, y se conviertan en límites no solo internos, sino también externos a la potestad de los Estados. De esta forma, el DI se transforma estructuralmente y se convierte en un ordenamiento jurídico supraestatal, dejando de ser un sistema *pacticio*, basado en tratados bilaterales interpartes[27]. Así, como señala Ferrajoli, caen todos los presupuestos y todos los caracteres de la soberanía, tanto interna como externa. "La soberanía, que había quedado vacía de contenido hasta disolverse en

---

24 FERRAJOLI, L., *Derechos y garantías…*, ob.cit. p. 144

25 Ibídem.

26 Ibídem.

27 Ídem.p.145.

su dimensión interna con el desarrollo del Estado constitucional de derecho, decae también en su dimensión externa en presencia de un sistema de normas internacionales que pueden ser caracterizadas como *ius cogens*, es decir, como derecho inmediatamente vinculante para los Estados miembros. En el nuevo ordenamiento pasan a ser sujetos de derecho internacional no sólo los Estados, sino también los individuos y los pueblos"[28]. Sin duda, un logro sin precedentes que permite a las personas, de a pie, activar un órgano internacional, no judicial, contra un Estado, previo el cumplimiento de ciertos requisitos, entre otros, el agotamiento de los recursos internos, si considera que un DDHH suyo ha sido violado por parte de un Estado parte de un tratado de DDHH.

Es indudable el cambio que sufre la soberanía como consecuencia del reconocimiento de la dignidad humana, primero en la Carta de las Naciones Unidas y luego en la DUDH. Tras estos hechos el DI, como señala Carillo Salcedo, se transformó de manera relevante porque junto al principio de la soberanía nacía otro principio constitucional de orden internacional contemporáneo: el de los DDHH. La prevalencia de los Estados soberanos y la dependencia de la persona frente a él se han visto confirmadas y puestas en cuestión. Confirmadas porque los Estados siguen siendo las únicas entidades con plenitud de subjetividad internacional, cuya estructura interestatal prevalece en la comunidad internacional. Es a esta estructura que la Carta de la ONU en los párrafos 1 y 7 del artículo 2 vincula la noción de soberanía: igualdad soberana de los Estados y principio de no intervención en los asuntos que son esencialmente de la jurisdicción interna de los Estados[29]. Resulta importante señalar que esta referencia a la soberanía es respecto a otro Estado y vinculada con la independencia y la no intervención. Son muchas las resoluciones de Naciones Unidas, así como los pronunciamientos del Tribunal Internacional de Justicia (TIJ), órgano judicial de

---

28 Ibídem.

29 CARRILLO SALCEDO, J.A., *Soberanía de los Estados y Derechos* Humanos, Tecnos, segunda edición, 2001, p.14.

la ONU, que se refieren a la soberanía y no intervención de un Estado contra otro[30], pero no sucede lo mismo respecto a las OOII o a sus órganos.

Carrillo Salcedo señala que la soberanía de los Estados sigue siendo un principio constitucional del DI, y en ningún caso ha sido desplazada ni por el reconocimiento de la dignidad de la persona ni por la aparición de las OOII, símbolos de las transformaciones del orden internacional al que denominan "proceso de institucionalización y de humanización del Derecho internacional". Pero sí considera que ha quedado erosionada y relativizada por el desarrollo normativo en materia de DDHH que ha venido después de la Carta de la ONU[31]. Para Díaz Barrado, como consecuencia de la presencia cada vez mayor y que va en aumento de las OOII y de la persona humana, se ha producido una pérdida de protagonismo del Estado, como sujeto único del DI clásico, en las relaciones internacionales[32]. Advierte esta situación, especialmente en los procedimientos de creación de normas y en la progresiva ampliación del conjunto de destinatario de las mismas[33]. No obstante, en palabras de Fernández Liesa, la soberanía pervive, como una noción polisémica y en transformación que es. Así, para este autor, "el núcleo irreductible de la soberanía reside en determinar quién decide (…). Su contenido jurídico se concibe en térmi-

---

30 Véase, entre otras, La Resolución 2131 (XX9 de la Asamblea General de Naciones Unidas de 21 de diciembre de 1965: *Declaración sobre la inadmisibilidad de la intervención en asuntos internos de los Estados y protección de su independencia y soberanía.* TIJ, *Actividades militares y paramilitares en Nicaragua y contra Nicaragua* (Rec.1986), párr.202 "El principio de no intervención implica el derecho de todo Estado soberano a conducir sus asuntos sin injerencia externa".

31 CARRILLO SALCEDO, J.A., *Soberanía de los Estados y Derechos* Human, ob.cit., p.16.

32 DÍAZ BARRADO, C., Algunas reflexiones sobre el individuo en el Derecho Internacional, en BARRANCO AVILÉS, M., CELADOR ANGÓN, O., VACAS, F. (coordinadores), *Perspectivas actuales de los sujetos de derecho,* Dykinson, 2012, p.25.

33 Ibídem.

nos funcionales como un conjunto de poderes supremos, plenos y exclusivos que tiene un Estado en el Derecho internacional para cumplir las funciones estatales"[34].

Así, la Carta de la ONU constituye el inicio del reconocimiento de la dignidad humana y del principio de soberanía en el DI. Por vez primera en un documento adoptado por cincuenta Estados, advertimos en el preámbulo un compromiso "Nosotros los pueblos de Naciones Unidas resueltos: (...) a reafirmar la fe en los derechos fundamentales del hombre, en la dignidad y el valor de la persona humana, en la igualdad de derechos de hombres y mujeres (...)". En el artículo 1 de la Carta, donde se establece los propósitos de esta Organización, es decir, su razón de ser, en el apartado 3 señala como su propósito: "Realizar la cooperación internacional en el desarrollo y estímulo del respeto a los derechos humanos y a las libertades fundamentales de todos, sin distinción por motivos de raza, sexo, idioma o religión". Además, en la Carta encontramos otros cinco artículos orientados a los DDHH (art.13, 62.2, 68, 73, 76) donde se atribuye a dos de los órganos principales de las Naciones Unidas, a la Asamblea General y al Consejo Económico y Social (ECOSOC), la labor de promover estudios y recomendaciones para hacer efectivos los DDHH y las libertades fundamentales de todos sin distinción. No obstante, no hay que olvidar que la Carta no es un tratado de DDHH, pero sin duda es el primer instrumento internacional en el que encontramos las primeras "pinceladas" sobre la dignidad y el valor del ser humano en el Derecho internacional contemporáneo. Por otro lado, en el artículo 2.1, los mismos Estados reconocen que la ONU se basa en el principio de la igualdad soberana de todos sus Miembros. De la misma forma, en el 2.7 dejan claro que en ningún caso la Carta autoriza a la ONU a intervenir en los asuntos que son esencialmente de la jurisdicción interna de los Estados, ni obligará a someter tales asuntos a procedimientos conforme a la Carta. De

---

[34] FERNÁNDEZ LIESA, C., *El sistema universal de derechos humanos: teoría y realidad.* Discurso de ingreso en la Academia aragonesa de jurisprudencia y legislación, 2021, p.35.

esta forma la Carta reconoce, por un lado, la soberanía de los Estados y, por otro, sus límites frente a los Estados en asuntos que son esencialmente de jurisdicción interna. En esta misma línea va la Declaración sobre la inadmisibilidad de la intervención en los asuntos internos de los Estados y la protección de su independencia y soberanía de 1965, adoptada por la Asamblea General de la ONU, que además de lo mencionado anteriormente, reitera que "ningún Estado tiene derecho de intervenir directa o indirectamente, ya sea cual fuere el motivo, en los asuntos internos o externos de cualquier otro. Por lo tanto, no solamente la intervención armada, sino también cualesquiera otras formas de injerencia o de amenaza atentatoria de la personalidad del Estado, o de los elementos políticos, económicos y culturales que lo constituyen, están condenadas..."[35]. Más tarde transcurridos veinticinco años de la adopción de la Carta, la Asamblea General de la ONU, adoptó la Resolución 2625 en la que se recogen los principios mencionados, incluida la obligación de no intervenir en asuntos de jurisdicción interna de otros Estados, donde se considera a este principio como condición esencial para asegurar la convivencia pacífica entre las naciones[36]. Este principio ha sido consolidado como mencionamos *supra* por el TIJ en una de sus sentencias más representativas en lo que a principios se refiere, en el *caso sobre las actividades militares y paramilitares en y contra Nicaragua*. Se trata de un principio que pone límite al Estado en la intervención en asuntos internos, pero también a las organizaciones internaciona-

---

35 Resolución 2131 (XX) de la Asamblea General de 21 de diciembre de 1965, párr.1.

36 Algunos autores lo denominan como un principio constitucional. Cfr. BROWNLIE, I., *Principles of Public International Law*, Oxford University Press, 1988, p.289, y otros, como un principio estructural del orden internacional. Cfr. ABI-SAAB, G. « La reformulation des principes de la Charte et la transformation des structures juridiques de la Communauté Internationale », *Le Droit International au service de la paix, la justice et du développement. Mélanges M. Virally*, Pedone, 1991, p. 2. Lo cierto es que hoy en día, la soberanía y la integridad territorial son dos principios que constituyen el fundamento de su existencia.

les conforme hemos visto en el artículo art. 2.7 de la Carta de la ONU. Entonces aquí cabe la pregunta ¿los DDHH pertenecen a este ámbito?, desde luego la respuesta debería ser un rotundo no, por cuanto los DDHH transcienden el ámbito interno y los intereses que protegen son superiores, pero entonces ¿dónde queda la soberanía? La soberanía del Estado se limita cuando éste voluntariamente reconoce y se obliga por un tratado a respetar los DDHH, así retomando lo dicho por De Asís Roig, debemos reconocer que el Estado tiene un limitado límite.

Al fin y al cabo, como señala Carillo Salcedo, "los deberes y obligaciones de los Estados soberanos están en función del desarrollo del DI, y de ahí que la soberanía de los Estados, lejos de ser obstáculo para la existencia y desarrollo del DI, constituya por el contrario la razón de ser de un orden jurídico nacido de la necesidad de regular las relaciones de coexistencia y de cooperación entre Estados soberanos. De este modo la tensión dialéctica entre soberanía de los Estados, por una parte, y los derechos humanos, por otra, se resuelven hoy de la siguiente forma: por ser soberanos, los Estados tienen obligaciones jurídicas en materia de DDHH respecto de la comunidad internacional (CI) en su conjunto. En otras palabras, el sistema internacional sigue siendo el de la sociedad de Estados y la soberanía pervive como principio constitucional del orden internacional; pero con el reconocimiento de los DDHH en los distintos instrumentos internacionales nacidos posteriormente, el DI penetra progresivamente en el corazón mismo de la soberanía, es decir, en las relaciones entre el Estado y las personas que se encuentran bajo su jurisdicción, incluidos sus nacionales, con lo que el rostro de la soberanía queda remodelado y transformado"[37]. La soberanía, con la aparición de los DDHH, "ya no es un muro rígido que cubra las violaciones de los DDHH como lo era en el pasado"[38], pero con todo, en palabras de Pons, el modelo estatal sigue plenamente vigente, y en este sentido se

---

37 CARRILLO SALCEDO, J.A., *Soberanía de los Estados...*, ob.cit., p. 17.

38 FERNÁNDEZ LIESA, C., *El sistema universal de derechos humanos...*, ob.cit., p.35.

puede afirmar que en la Sociedad internacional (SI) del S.XXI ya no existe un exclusivo monopolio estatal, pero tampoco "hay perspectivas alternativas de ordenación jurídico-política internacional que sean capaces de prescindir del Estado soberano"[39]. No se puede perder de vista que el Estado soberano ha sido la base de la construcción jurídico-política de la SI, tanto desde una perspectiva histórica como actual.

En este contexto, para Carrillo Salcedo, el consentimiento y la voluntad de los Estados soberanos son esenciales, cuando se trata de determinar las obligaciones precisas que vinculan jurídicamente a un Estado; sin embargo, lo que cuenta, en la etapa final del proceso de elaboración de principios y normas de carácter general, es la existencia de un *consensus generalis* de los Estados, sea cual sea la forma técnica de la que los Estados se sirvan para expresar el consenso en cuestión"[40].

El principio de consentimiento de los Estados soberanos, como base de las obligaciones jurídicas que para los Estados partes derivan de los distintos tratados multilaterales, como dice Carrillo Salcedo, no desaparece, pero es atenuado y corregido. Los tratados multilaterales, universales y regionales, no desplazan la soberanía de los Estados, porque al menos esos tratados vinculan en principio exclusivamente a los Estados partes, y que algunos de ellos por su indefinición se asemejan al *soft law*, el elevado número de convenios de DDHH contribuye a esta imprecisión ya que facilita los solapamientos, así como las lagunas, incoherencias y contradicciones entre distintas normas convencionales, porque la gran mayoría de tratados son susceptibles de reservas[41]. Es innegable la imprecisión de las obligaciones asumidas por los Estados partes en tratados de DDHH, ya que algunos mencionan obligaciones

---

39 PONS RAFOLS, X., "Estados soberanos y cooperación multilateral", en Pérez de Nanclares, J.M., (Coord.), *Estados y organizaciones internacionales ante las nuevas crisis globales*, AEPDIRI, IUSTEL, Universidad de la Rioja, 2010, p.144.

40 CARRILLO SALCEDO, J.S., *Soberanía de los Estados*...ob.cit., p. 78.

41 Ídem, p. 96.

asumidas por los Estados partes en términos tan vagos que permite dudar sobre el significado jurídico de ciertas disposiciones[42]. Para Pons, "el paradigma de un sistema internacional basado en Estados soberanos, en el que las Organizaciones internacionales son un instrumento de estos para realizar la cooperación internacional entre ellos, sigue siendo absolutamente vigente"[43], aunque esto dependerá del tipo de Organización internacional (OOII), por cuanto esta afirmación no aplicaría para las OOII de integración.

No queda duda que la relación entre los Estados y su soberanía respecto a los DDHH son de "amor y odio, de tira y afloja" por cuanto, por un lado, son los Estados los que han jugado un papel vital en el nacimiento y desarrollo de los mismos, y por otro, esa voluntad y reconocimiento les limita su actuación y exige un determinado comportamiento frente a ellos, de respeto y garantía, teniendo en cuenta el principio *pacta sunt servanda* y el principio de la buena fe. Desde luego, a día de hoy, la soberanía sigue siendo una característica principal del Estado y los DDHH uno de sus principales límites a esa soberanía. No son límites absolutos, pero al fin y al cabo son límites a tener en cuenta y cada vez más, dada la importancia de la persona y su dignidad.

Para Ferrajoli "desde la perspectiva de la teoría del derecho la soberanía se ha revelado como un pseudo-concepto o, peor aún, como una categoría anti-jurídica. Su crisis se origina en el momento en que entra en contacto con el derecho, pues ella misma es la negación del derecho, al igual que el derecho es su negación. Y es que la soberanía es ausencia de límites y de reglas, es decir, lo contrario de lo que caracteriza el derecho. De modo que la historia jurídica de la soberanía es la historia de una antinomia entre

---

42 Ídem, p. 97.

43 PONS, X., "Estados soberanos y cooperación multilateral: el papel de las organizaciones internacionales", en MARTÍN Y PÉREZ DE NANCLARES, J. (coord.), *Estados y Organizaciones Internacionales ante las nuevas crisis globales,* Iustel, AEPDIRI, Universidad de la Rioja, 2010, pp.103-104.

dos términos -derecho y soberanía- lógicamente incompatibles e históricamente enfrentados entre sí"[44]. Como dice Paz Andrés, la soberanía, aparece como un "impedimento a la ordenación racional de la sociedad internacional, de un lado y de otro, el Estado y su soberanía resultan insuficientes para dar respuesta a las exigencias y necesidades de la sociedad mundializada"[45]. Por ello en la práctica internacional, las afirmaciones de la soberanía siguen siendo constantes y su invocación en ocasiones supone un freno a las aspiraciones de cambio social"[46].

2. INTERNACIONALIZACIÓN DE LOS DERECHOS HUMANOS Y EL PAPEL DEL ESTADO

Como hemos venido afirmando, la internacionalización de los DDHH se origina a mediados del S. XX, más exactamente, después de la Segunda Guerra Mundial[47]. Dicho por Peces-Barba, ésta es la tercera etapa en la línea de evolución de los DDFF después de la positivación, la generalización y antes del proceso de especificación[48]. Para este autor resulta imposible una identificación de los DDHH sin considerar la dimensión internacional con la que se presentan, y no se puede negar la existencia del Derecho internacional. No obstante, considera que este proceso de internacionalización es incompleto y se sitúa en un ámbito jurídico, "el de la Comunidad internacional, que carece de un poder po-

---

44 FERRAJOLI, l., *Derechos y garantías…*, ob.cit., p. 147.

45 SÁENZ DE SANTA MARÍA, P.A., "Las dinámicas del Derecho internacional en el siglo XXI", en MARTÍN Y PÉREZ DE NANCLARES, J. (coord.), *Estados y Organizaciones Internacionales …ob.cit.*, p.82.

46 Ibídem.

47 Un estudio en profundidad sobre los antecedes véase en: FERNNDEZ LIESA, C., *El Derecho internacional de los Derechos Humanos…*, ob.cit., pp.570.

48 PECES-BARBA MARTÍNEZ, G., *Curso de Derechos Fundamentales, Teoría General*, Boletín Oficial del Estado, Universidad Carlos III de Madrid, 1999, pp.154-199.

lítico que garantice plenamente la eficacia de ese ordenamiento, encontrándose en una situación similar a la poliarquía medieval, es decir, en un momento previo a la formación del Estado en el mundo moderno"[49].

"El proceso de internacionalización se produce desde diversas dimensiones complementarias, que expresan también el cambio que está presentándose en el DI: La primera supone la utilización de formas técnico-jurídicas del DI clásico por los Estados, sin ruptura de la soberanía estatal y como cooperación interestatal; la segunda parte de la toma de conciencia de la insuficiencia de la protección estatal, que siempre puede encontrar su límite en la razón del Estado. La soberanía es un obstáculo para la organización y protección de los derechos y se buscan instancias, más allá de lo interestatal, para vencerla. Esta forma de afrontar la internacionalización de los derechos pone en cuestión el principio de soberanía, convierte a la persona individual en sujeto del Derecho internacional y propone la existencia de una cierta autoridad supranacional que se impone a la estatal[50]. Por otra parte, a pesar de que en el DIDH perviva el relativismo y el particularismo, existen "obligaciones jurídicas de los Estados que no derivan exclusivamente de su voluntad, manifestada en acuerdos o convenios internacionales, sino también de principios de DI general y que han contribuido a precisar las nociones de *ius cogens* y de obligaciones *erga omnes* en DI, sobre la base de las cuales se acepta que las violaciones graves y masivas de los DDHH constituyen un crimen internacional y no solo un delito internacional -en el que la posible relación de responsabilidad se multilateraliza, a diferencia de lo que ocurre en el delito internacional, al tener como fundamento la violación de los intereses esenciales de la comunidad internacional, y no solo de uno de sus miembros"[51]. Sin duda, existen obligaciones jurídicas que derivan de otras fuentes, más allá de los tratados,

---

49 Ídem, p.173.
50 Ídem, p.178
51 Ídem, p. 179.

como la costumbre o los principios generales del Derecho[52]. No olvidemos que la costumbre es una fuente de actual importancia y uso constante. Del informe de la CDI de 2018, advertimos en el capítulo V la "identificación del derecho internacional consuetudinario", en el que se recoge el Texto del proyecto de conclusiones sobre la identificación del derecho internacional consuetudinario, en el que se realizan conclusiones a propósito de esta fuente del DI[53]. Lo mismo sucede con los principios generales, que como señala Cançado Trindade, "no deben subsumirse en la categoría de la costumbre ni en la de los tratados: constituyen una 'fuente' autónoma que comprende principios de derecho de fondo y de procedimiento"[54]. Lo cierto es que "es imposible ignorar un principio fundamental de justicia en la aplicación del derecho, si este principio indica claramente ciertas reglas, necesarias para el sistema de relaciones internacionales, y aplicables a las diversas circunstancias que surgen en los asuntos internacionales"[55]. Justamente por ello, como señala Villary, "en derecho internacional, tal vez más que en otros campos del Derecho, la doctrina atribuye una amplía importancia

---

52 Como señala Pastor Ridruejo, la costumbre, cuya aparición ha sido impulsada por las resoluciones de órganos de OOII, particularmente de la Asamblea General de la ONU, pueden considerarse como normas escritas, de contenido más preciso, por consiguiente, que las costumbres tradicionales, que son normas no escritas. Manifestación clara de esta realidad es que la Res. 2625 de 1970 ha sido considerada por el TIJ como reflejo del DI consuetudinario. Cfr. PASTOR RIDRUEJO, J.A., *Curso de Derecho Internacional Público y Organizaciones Internacionales,* Vigésima Sexta edición, Tecnos 2022, p.78.

53 70 periodo de sesiones. https://legal.un.org/ilc/reports/2018/spanish/chp5.pdf

54 CANÇADO TRINDADE, A., Opinión separada en Inmunidades jurisdiccionales del Estado (Alemania c. Italia; Grecia interviniente) 2012, párr.4.

55 KOTUBY, C., and SOBOTA, L., *General Principles of Law and International Due process,* Oxford University Press, 2017, p. 3.

a la exposición de los "principios"[56]. En esta línea, no podemos dejar de mencionar a las derivadas de las normas de *ius cogens*, aunque si nos referimos a los DDHH, lamentablemente, no todos son de carácter imperativo y en cualquier caso tendrían este carácter solo aquellos que forman parte del núcleo duro de los DDHH, conforme lo sostienen gran parte de la doctrina jurídica y los órganos de protección de los DDHH[57].

En cualquier caso, en todo este proceso, juegan un papel trascendental los Estados, por cuanto son ellos los que deciden dar un giro importante a su poder soberano y limitar su potestad absoluta sobre el ser humano, reconociéndoles derechos más allá de sus fronteras. En este contexto podemos destacar, primero la creación de los nuevos sujetos de Derecho internacional conocido como OOII y segundo, el reconocimiento de DDHH para las personas, porque es bajo el paraguas de las organizaciones internacionales, tanto universal como regionales, que se reconocen y desarrollan los DDHH, como los entendemos hoy en día. Es de señalar que este desarrollo se produce, de manera relevante, durante la Guerra Fría.

Respecto al papel de los individuos, es preciso destacar su cada vez mayor presencia en el ámbito internacional; no hay duda de que "el individuo ha penetrado en el marco de la subjetividad internacional y que ello produce relevantes consecuencias en el ordenamiento jurídico"[58]. Desde mediados del siglo XX en adelante, advertimos la adopción de diversos instrumentos internacionales

---

56 VILLARY, M., "El papel de los "principios" en el desarrollo del derecho internacional, en Villary M., *El devenir del derecho internacional. Ensayos escritos al correr de los años,* Fondo de cultura económica, 1998, p. 221. Traducción de Cazenave Tapie Isoard, E. de la obra *Le droit international en devenir. Essais écrits au fil del ans,* Publications de l´Institut Universitaire de Hautes Études Internationales de Genève, PUF, 1990, p. 221.

57 QUISPE REMÓN, F., *El debido proceso en el derecho internacional y en el sistema interamericano,* Tirant Lo Blanch, 2010, p.576.

58 DÍAZ BARRADO, C., "Algunas reflexiones sobre el individuo en el Derecho Internacional", en Barranco Avilés, M.C., Celador Angón, O., y

orientados a proteger al ser humano frente al Estado, ya sea en tiempos de paz o en tiempos de guerra, o instrumentos que reconocen la responsabilidad penal internacional por crímenes graves como genocidio, lesa humanidad, agresión y guerra. Como nos recuerda Díaz Barrado, las peculiaridades de la sociedad y del ordenamiento internacionales de primeros del S. XX era que el DI se concebía como un Derecho de los Estados y para los Estados donde resultaba inconcebible afirmar la existencia de otros sujetos que no fueran los Estados[59]. Los cierto es que hoy existe una "conciencia actual y generalizada sobre la primacía de la persona, sobre la dignidad que se le reconoce. Ésta es ubicada racionalmente como la piedra angular de una sociedad democrática, como el valor mayor de un Estado de Derecho y el fundamento último de los derechos humanos"[60].

Así, según hemos indicado, en el ámbito universal encontramos como punto de partida a la Carta de la ONU, que crea a la ONU, bajo cuya protección se desarrolla lo que se conoce como el Sistema Universal de los Derechos Humanos, al igual que en el ámbito regional, donde el origen y evolución de los DDHH se desarrolla bajo el impulso del Consejo de Europa, la OEA, y la Unión Africana. De esta forma se ha llevado a cabo la humanización del Derecho internacional que ha cambiado el concepto clásico de soberanía y ha transformado los principios y las obligaciones. Como bien señala Fernández Liesa, "la humanización del Derecho internacional ha transformado sus mimbres, lo que se observa en las normas y en la interpretación de los *principios fundamentales, constitucionales o estructurales". El principio de protección internacional de los derechos humanos* es el último en surgir apare-

---

Vacas Fernández, F. (coords.), *Perspectivas actuales de los sujetos de derecho,* Colección Gregorio Peces-Barba, n°2, Dykinson, 2011, p. 25.

59 Ídem, p. 23.

60 BUSTAMANTE ALARCÓN, R., *La idea de persona y dignidad humana,* Colección Derechos Humanos y Filosofía del Derecho, Dykinson e Instituto de Derechos Humanos Bartolomé de las Casas, Universidad Carlos III de Madrid, 2018, p.35.

ciendo en 1975 en el acta Final de Helsinki, por cuanto no había sido considerado en el art. 2 de la Carta de las Naciones Unidas ni en la Resol. 2625. "Es un principio de formación progresiva en el contexto del proceso de humanización del Derecho internacional". Así, los principios fundamentales del DI se han visto transformados por la humanización[61].

2.1. Sistema Universal de protección de los Derechos Humanos: pionero en el reconocimiento universal de los derechos humanos

Lo cierto es que, a partir de la creación de la Organización de las Naciones Unidas, se produce una proliferación del nacimiento de las organizaciones internacionales, tanto a nivel universal como regional, y dentro de éstas, el nacimiento y desarrollo de diversos tratados marco de DDHH, así como tratados específicos o temáticos que reconocen derechos inherentes al ser humano, y la creación de órganos, judiciales o no, por los mismos tratados para garantizar y proteger los derechos reconocidos en los mismos.

En el marco de la ONU, a los tres años de su creación, en París, el 10 de diciembre de 1948, se adopta la DUDH, un instrumento que establece un catálogo de DDHH civiles y políticos, así como económicos, sociales y culturales, entre ellos, el derecho a la vida, a la libertad de expresión, debido proceso, derecho al trabajo, etc. Se trata de un documento que nace con un gran valor moral de consenso y de gran influencia política, aunque sin fuerza jurídica en un primer momento. Hoy nadie duda sobre su valor jurídico. Fue la propulsora de la internacionalización de los DDHH, consolidándose como un parámetro de referencia universal para observar el grado de respecto y el cumplimiento con los estándares de DIDH; basta ver la Constitución española que en el artículo 10.2, establece que las normas relativas a los derechos fundamentales y

---

[61] FERNÁNDEZ LIESA, C., *El Sistema Universal de Derechos Humanos... ob.cit.*, p.35.

a las libertades reconocidas por la Constitución se interpretaran conforme con la DUDH.

La DUDH vendría a ser la partida de nacimiento o libro de familia de los DDHH en el mundo[62]. Transcurridos casi dos décadas de su adopción, en 1966, recién en el ámbito universal se adoptan los instrumentos vinculantes que recogen derechos civiles y políticos, así como económicos, sociales y culturales, el Pacto Internacional de Derechos Civiles y Políticos y el Pacto Internacional de Derechos Económicos, Sociales y Culturales que entraron en vigor una década después, en 1976. El primero crea como órgano encargado de vigilar el cumplimiento de su contenido al Comité de Derechos Humanos (CDH), y cuenta con dos protocolos. El primer protocolo, en vigor desde el 23 de marzo de 1976, es el que le confiere la competencia al CDH para recibir denuncias individuales, permitiendo de esta forma a la persona cuyo derecho reconocido en el PIDCP ha sido violado, acudir al CDH, siempre que el Estado haya ratificado este Protocolo, por cuanto éste deja dicho "el Comité no recibirá ninguna comunicación que concierna a un Estado Parte en el Pacto que no sea parte en el presente Protocolo" y después de cumplir los requisitos exigidos. Si bien para vigilar el cumplimiento del contenido del PIDCP se establece un órgano, así como para recibir peticiones individuales, los derechos económicos, sociales y culturales no corren la misma suerte, por cuanto no se establece, en un primer momento, ningún órgano que vigile su cumplimiento, ni reciba denuncias individuales. Recién, mediante Resolución 1985/17 del ECOSOC, del 28 de mayo de 1985, se procede a la creación del Comité de Derechos Económicos, Sociales y Culturales para ejercer las funciones de supervisión del PIDESC, y no es hasta el 10 de diciembre de 2008 cuando se adopta el primer protocolo a este pacto, que entró en vigor en 2013, mediante el cual se establece la competencia del Comité para recibir y considerar comunicaciones de

---

62 Cfr. QUISPE REMÓN, F., El debido proceso en el Derecho internacional y en el Sistema Interamericano…, ob.cit., pp. 650.

individuos que alegan que sus derechos recogidos en el Pacto han sido violados.

Además de estos tratados marco de protección de los DDHH, en el ámbito universal se han adoptado otros instrumentos de carácter temático focalizado en grupos vulnerables que, también, han establecido sus órganos de protección, los Comités para garantizar el cumplimiento de los mismos[63]. A esta producción normativa se conoce como mecanismos convencionales de DDHH en la ONU. A ello se suman los mecanismos extra convencionales, es decir, otros mecanismos de protección de los DDHH que no han sido establecidos por tratados ni por Estados, sino por Resoluciones de sus órganos. Entre estos podemos encontrar la creación de la Comisión de los Derechos Humanos que más tarde se denominó Consejo de Derechos Humanos, los procedimientos especiales 1235 y 1503, el Examen Periódico Universal, la Oficina del Alto Comisionado de las Naciones Unidas para los Derechos Humanos, la creación de relatorías[64]. Todo este entramado jurídico nacido en el marco de la ONU en materia de DDHH, es conocido como Sistema Universal de los Derechos Humanos. Un aspecto a destacar de este sistema, a diferencia de los sistemas regionales, es que no cuenta con un órgano judicial de DDHH.

Otra muestra de la internacionalización de los DDHH es el desarrollo de los DDHH en los diversos continentes del mundo a

---

[63] Estos órganos creados por tratados de DDHH son comités de expertos independientes, cuya función es supervisar la aplicación de los tratados por el que fueron creados. Estos órganos son: Comité para la Eliminación de la Discriminación Racial, Comité para la Eliminación de la Discriminación Contra la Mujer, Comité contra la Tortura, Comité de los Derechos del Niño, Comité para la Protección de los Derechos de todos los trabajadores Migratorios y sus familiares, Comité de los Derechos de las Personas con Discapacidad, Comité contra la Desaparición Forzada.

[64] Un estudio en detalle véase en: VILLÁN DURÁN, C., y FALEH PÉREZ, C., *El sistema universal de protección de los derechos humanos. Su aplicación en España,* Tecnos 2017, pp. 303; VILLÁN DURAN, C., *Curso de Derecho internacional de los derechos humanos,* Trotta, 2002, pp.1028.

través de la adopción de tratados que a su vez han creado órganos de protección. Este proceso de protección regional de los DDHH se da casi de forma paralela, en algunos casos, al sistema universal.

2.2. Sistema Europeo de protección de los Derechos Humanos y el primer instrumento vinculante de derechos humanos

En el ámbito europeo, en el marco del Consejo de Europa creado en 1949, se adoptó en 1950 el primer instrumento vinculante en materia de DDHH, la Convención Europea de Derecho Humanos y Libertades Fundamentales (CEDH), en vigor desde 1953. En un primer momento el Sistema Europeo contaba con dos órganos, la Comisión y el Tribunal Europeo de Derechos Humanos (TEDH). A través del Protocolo 11, que entró en vigor en 1998, se suprimió la Comisión y hoy solo cuenta con el TEDH que se encarga de la instrucción y el enjuiciamiento de los casos, produciéndose de esta forma la reestructuración del mecanismo de control. Este hecho permite el acceso directo de cualquier persona, que se encuentre bajo la jurisdicción de un Estado parte del Consejo de Europa, a un tribunal internacional, el TEDH. Por otro lado, un aspecto a destacar es el régimen de funcionamiento permanente del tribunal con el consiguiente deber de los jueces de residir en Estrasburgo[65], lugar donde funciona el TEDH.

A diferencia de los otros sistemas regionales, el sistema europeo se caracteriza por tener un órgano que vigile el cumplimiento de las sentencias que emanan del TEDH, el Comité de Ministros del Consejo de Europa.

El CEDH desde 1950 hasta el 2022 ha sido completado por dieciséis protocolos adicionales, relacionados con los sistemas de protección y los derechos protegidos. Son a través de estos proto-

---

65 PASTOR RIDRUEJO, J.A., "El Protocolo número 14 a la Convención Europea de Derechos Humanos ¿estamos ante la reforma que necesita el tribunal?", *Revista Española de Derecho Internacional*, vol. 56 Nº 1 (enero–junio 2004), p.1.

colos que se han introducido, entre otros, los derechos a la propiedad privada, a la educación, a las elecciones libres; se ha prohibido la prisión por deudas; se ha abolido la pena de muerte; se ha incorporado el derecho a un recurso en todo proceso penal. En este contexto es de relevancia especial destacar los tres últimos protocolos, catorce, quince y dieciséis, debido a que su propósito está orientado a atajar la llegada de casos al TEDH, aunque ello resulte paradójico, a fin de garantizar la eficacia del tribunal a largo plazo optimizando el filtraje y la gestión de demandas. Cuando se adoptó el Protocolo once, que eliminó la Comisión Europea y permitió el acceso directo de la persona al TEDH, fue visto como una innovación sin precedentes y un logro muy importante en la protección de los DDHH, que cualquier sistema habría deseado convertir en suya, pero como "no todo lo que brilla es oro", esto significó una avalancha de casos, ante la ausencia de un filtro que antes ejercía la Comisión europea, al que el TEDH tiene que hacer frente recibiendo alrededor de cincuenta mil casos al año. A pesar de contar con cuarenta y seis jueces, uno por cada Estado parte del Consejo de Europa, no da abasto.

El Protocolo 14 entró en vigor en 2010, y entre otros cambios, establece la creación de nuevas formaciones judiciales para conocer de los casos más sencillos. Crea un juez único encargado de inadmitir las demandas claramente inadmisibles, cuya decisión es inapelable. Los casos donde haya una jurisprudencia consolidada/repetitiva serán resueltos por el Comité compuesto por tres jueces. Establece un nuevo criterio de admisibilidad, la existencia de un "perjuicio importante". Un requisito, sin duda, subjetivo que permite declarar la inadmisibilidad de la mayoría de los casos. El Protocolo 15, que entró en vigor en agosto de 2021, continua con el proceso de reforma y modifica los criterios de admisibilidad de las demandas, reduciendo de seis a cuatro meses el plazo para la presentación de demandas, y busca impulsar una relación más estrecha con las autoridades nacionales, a fin de facilitar la protección a nivel nacional y evitar que los casos lleguen al TEDH. En este contexto da más competencias a los tribunales nacionales en la aplicación y vigencia del CEDH, introduciendo en el preámbulo el principio de subsidiariedad y el margen de apreciación de los Estados. Ambos protocolos están orientados a mejorar el procedimiento ante el tribunal, a fin de procurar una resolución rápida de casos.

Por su parte, el Protocolo 16, en vigor desde 2019[66], crea un nuevo procedimiento que permite a los tribunales nacionales solicitar opiniones consultivas, en el marco de asuntos que estén en trámite ante la jurisdicción nacional, sobre la aplicación e interpretación del CEDH y sus Protocolos, al TEDH, que puede o no aceptar la petición y de aceptarla será resuelta por la Gran Sala y no será vinculante[67]. Una figura, salvando las distancias, parecida a la cuestión prejudicial de la Unión Europea. Hay quien señala que estas opiniones consultivas "en un futuro no muy lejano podrían sellar la suerte de una eventual aplicación del control de convencionalidad en Europa"[68].

También en el ámbito europeo, al igual que en el sistema universal, se adoptó un instrumento para proteger y garantizar los DESC. Once años más tarde desde la aprobación del CEDH, en 1961, se aprobó la Carta Social Europea que entró en vigor en 1965 y reconocía 19 derechos sociales, especialmente en materia de salud y laboral. Luego en 1988 se adopta el Protocolo adicional que incluye cuatro derechos más, relativos a condiciones de empleo y cohesión social. En 1995, se adopta otro Protocolo que establece un sistema de reclamaciones colectivas, y finalmente en 1996 se adopta un nuevo texto normativo denominado Carta Social Europea Revisada, en vigor desde 1999. Este último recoge

---

66 Un estudio en detalle, véase: LEMMENS, K., "Protocol Nº 16 to the ECHR: Managing Backlog through Complex Judicial Dialogue?, *European Constitutional Law Review*, vol.15, 2019, pp.691-713.

67 Los primeros casos conocidos por el TEDH fueron: caso Mennesson c. Francia (nº 65192/11) y Labassee c. Francia (nº 65941/11 de 26 de junio de 2014 (sentencia de Sala) en https://www.echr.coe.int/Documents/FS_Surrogacy_SPA.pdf

68 PEROTTI PINCIROLI, I., "El control de convencionalidad en el Derecho español: ¿una importación defectuosa? ..., ob.cit., p. 13.

en total treinta y uno derechos sociales, que garantiza derechos a la vivienda, salud, educación, empleo, derechos colectivos, condiciones justas de trabajo, protección jurídica y social, movimiento de personas, no discriminación. El control de la aplicación de la Carta lo ejerce el Comité Europeo de Derechos Sociales, compuesto por quince miembros, que no es un tribunal, a través de informes anuales presentados por los Estados. La Carta Social más los Protocolos son tratados internacionales y, por ende, obligatorios en el ordenamiento interno. Las decisiones del Comité son vinculantes y el Comité de Ministros del Consejo de Europa adopta resoluciones con relación a las decisiones del Comité al igual que con las sentencias del TEDH.

Paralelamente a todo este desarrollo, también en el ámbito europeo se han adoptado diversos instrumentos de carácter temático[69] teniendo en cuenta las necesidades actuales.

Sin duda, el sistema europeo de DDHH es un sistema de larga data y muy sólido, que cuenta con el respaldo de todos los Estados europeos; una muestra de ello es que los cuarenta y seis Estados que forman parte del Consejo de Europa han ratificado el CEDH y han asumido la competencia contenciosa del TEDH. A ello se suma que se trata de un tribunal permanente compuesto por cuarenta y seis jueces[70] que en un número cada vez mayor de sentencias, ha desarrollado una jurisprudencia de considerable importancia[71], y en palabras de Malcolm ha operado sobre la base de un

---

69 Convenio europeo para la prevención de la tortura y de las Penas o Tratos inhumanos o degradantes (1987) y sus dos Protocolos, Convención marco para la protección de las minorías nacionales (1995), Convención para la acción contra la trata de seres humanos (2005), Convenio sobre la ciberdelincuencia (2001) y sus dos Protocolos (2003 y 2021).

70 Hasta el 26 de septiembre de 2022, contaba con 47 Estados, pero como consecuencia de la invasión rusa a Ucrania, se ha procedido a aplicar el artículo 3 del estatuto de Roma y Rusia dejó de ser Estado miembro del Consejo de Europa.

71 El TEDH ha emitido hasta la fecha más de 17, 000 sentencias. Algunos trabajos sobre casos "especiales/novedosos", puede verse en: QUESA-

conjunto principios generales. En particular, el tribunal dejará un margen de maniobra a los Estados en un sistema compuesto por obligaciones del Estado contratante y un mecanismo de control a nivel europeo[72]. Para Malcolm, el TEDH ha abordado su tarea de manera generalmente evolutiva[73]. Esto no significa en ningún caso que sea la panacea, pero lo que no se puede negar es que hay mayor compromiso por parte de los Estados frente al sistema y que cuenta con un órgano que se encarga de hacer el seguimiento al cumplimiento de las sentencias que emanan del TEDH.

2.3. Sistema Interamericano de protección de los Derechos Humanos

Este sistema se desarrolla bajo el paraguas de la Organización de los Estados Americanos, una organización internacional que engloba 35 Estados de la región. La OEA se crea en 1948, tres años más tarde de la ONU, a través de la Carta de la OEA y juntamente con ella, los Estados aprueban la Declaración Americana de Derechos y Deberes del Hombre (Declaración Americana o DADH), un instrumento internacional que reconoce, al igual que la Declaración Universal, un catálogo de derechos humanos, pero no establece órgano alguno para proteger dichos derechos. La DADH es el primer documento relevante en esta materia, donde los Estados, en la cláusula introductoria, dejan plasmado que la protección internacional de los derechos del hombre debe ser guía principalísima del Derecho americano en evolución. Expre-

---

DA ALCALÁ, C. "Las víctimas encuentran su lugar ante el Tribunal Europeo de Derechos Humanos: una "satisfacción equitativa" por la vulneración de sus derechos en las reclamaciones entre Estados (Chipre contra Turquía), *Revista de Derecho Comunitario Europeo*, N° 49, 2014; "El TEDH al frente de los crímenes cometidos por los Aliados en la II GM: una decisión novedosa y polémica, comentario a la sentencia *Konovoc c. Letonia*, 24 de julio de 2008, Revista General de Derecho Europeo N° 17, 2008.

72 SHAW M., *International Law*, 17 edit., Cambridge University Press, 2014, p.257.

73 Ídem, p.258.

san el propósito de reconocer una dimensión internacional a los DDHH y adoptar medidas progresivas para instaurar su protección dentro del Derecho americano.

Dos décadas después, en noviembre de 1969, los Estados miembros de la OEA deciden adoptar un instrumento de carácter vinculante en materia de derechos humanos. Así, nace la Convención Americana sobre Derechos Humanos, a la que nos referiremos en detalle más adelante. Este tratado ha creado dos órganos de protección de los DDHH, la Comisión y Corte Interamericana. En el SIDH, la Declaración Americana y la CADH constituyen los instrumentos marco de DDHH. Ambos instrumentos recogen especialmente derechos civiles y políticos. En la CADH solo en un artículo (art. 26) se hace referencia a los DESC. Dos décadas después de la adopción de la CADH, recién en 1988 se adopta el primer Protocolo a la CADH sobre los DESC, conocido como el Protocolo de San Salvador que entró en vigor en 1999, que hoy constituye la base jurídica de la Corte interamericana, para incorporar dentro de estos derechos, el derecho al medio ambiente[74]. El SIDH no puede ser ajeno al desarrollo de las necesidades y hoy una de ellas es el cambio climático y, como señala Manero Salvador, este cambio climático presenta diversas aristas, y "dentro de estas aristas, se plantea cómo afecta a los derechos humanos", lo que en palabras de esta autora "nos conduce a establecer las sinergias entre los derechos humanos y el medio ambiente"[75].

Además, en esta región al igual que en la anterior se han adoptado otros tratados temáticos. Entre otros, la Convención Interamericana para prevenir, sancionar y erradicar la violencia contra la mujer (1994); la Convención Interamericana sobre Concesión de los derechos civiles a la mujer; la Convención Interamericana

---

74 Un amplio estudio sobre los DESC en el SIDH véase en: QUISPE REMÓN, F., "Medio ambiente y derechos humanos a la luz de la jurisprudencia de la Corte Interamericana de Derechos Humanos", en *Anuario Mexicano de Derecho Internacional* N° 22, 2022, pp.71-107.

75 MANERO SALVADOR, A., "Reflexiones sobre el Derecho al frio", *Araucaria* vol.24 N° 49 (2022), p.197

sobre Concesión de los derechos políticos a la mujer; Convención interamericana sobre el tráfico internacional de menores; Convención para prevenir y sancionar la tortura (1985); Convención Interamericana sobre Desaparición forzada de personas (1994); Convención Interamericana para la Eliminación de todas las formas de discriminación contra las personas con Discapacidad (1999); Convención Interamericana contra el Racismo, la Discriminación Racial y formas conexas de intolerancia (2013); Convención Interamericana contra toda forma de discriminación e intolerancia (2013); Convención Interamericana sobre la protección de los DDHH de las personas mayores (2015); Declaración Americana sobre los Derechos de los Pueblos Indígenas (2016).

Sin duda, el avance en el reconocimiento de los DDHH en la región desde 1948 es colosal, y como nos recuerda Díaz Barrado, "los ideales humanistas que arrojan toda la realidad jurídica americana posibilitan que distintos instrumentos políticos-jurídicos, genuinamente americanos, hayan resaltado el valor que tiene y el significado de la persona humana"[76]. Así, destaca que la doctrina y la práctica latinoamericanas han contribuido a la formación y expansión del DIDH, conforme se tiene del análisis de los textos de las distintas Conferencias Internacionales Americanas y de los postulados expresados por los Estados de las Américas y los órganos regionales americanos de protección de los derechos humanos"[77].

No obstante, hoy por hoy, es de señalar que son 35 Estados partes de la OEA, pero no todos están comprometidos de igual forma con el reconocimiento ni con la protección de los DDHH.

---

76 DÍAZ BARRADO, C., América y el Derecho Internacional, Discurso de ingreso en la Real Academia de Jurisprudencia y Legislación de España, *Real Academia de Jurisprudencia y Legislación de España*, 2021, p.120.

77 Ibídem.

Tal es así que solo 23 han ratificado la CADH[78] y solo 20[79] han asumido la competencia contenciosa de la Corte. A ello se suma que se trata de una Corte no permanente, integrada por siete jueces, que se encarga también de hacer el seguimiento al cumplimiento de sus propias sentencias a través de la "supervisión", al no existir un órgano específico para esa labor. Una diferencia importante respecto al SEDH.

2.4. Sistema Africano de protección de los Derechos Humanos

Es uno de los sistemas más incipientes y recientes. El desarrollo de los DDHH en esta parte del mundo se lleva a cabo bajo el paraguas de la Unión Africana (UA), antes conocida como la Organización para la Unidad Africana (OUA), creada en 2001. Es la organización internacional más representativa de la región que cuenta con 55 Estados partes. Así, en su seno, en 1981 se adoptó la Carta africana de los derechos humanos y de los pueblos (Carta Africana), que entró en vigor en 1986. Establecía como órgano protector de la Carta a la Comisión africana de Derechos Humanos y de los pueblos, compuesta por once personas nombradas por la Conferencia de jefes de Estado y de Gobierno de la OUA por periodos renovables de seis años. A través del protocolo adicional de 1998, que entró en vigor en 2004, se crea la Corte africana de los derechos humanos y de los pueblos, con competencia consultiva, conciliatoria y contenciosa[80]. Lo cierto es que a día de hoy este sistema cuenta con una Comisión y una

---

78 Argentina, *Barbados*, Bolivia, Brasil, Chile, Colombia, Costa Rica, Dominica, Ecuador, El Salvador, *Granada*, Guatemala, Haití, Honduras, *Jamaica*, México, Nicaragua, Panamá, Paraguay, Perú, República Dominicana, Surinam y Uruguay. Cfr. https://www.corteidh.or.cr/que_es_la_corte.cfm

79 Argentina, Barbados, Bolivia, Brasil, Chile, Colombia, Costa Rica, Ecuador, El Salvador, Guatemala, Haití, Honduras, México, Nicaragua, Panamá, Paraguay, Perú, República Dominicana, Surinam y Uruguay

80 SHAW, M., *International Law*, 17 edit. Cambridge University Press, 2014, p.282.

Corte africana para garantizar el cumplimiento de los derechos recogidos en la Carta africana[81]. La Comisión africana, los Estados partes y las organizaciones intergubernamentales tienen acceso directo a la Corte, pero no las personas ni las ONG, cuyo acceso depende de que el Estado haya realizado una declaración asumiendo la competencia de la Corte. En el año 2003 en el seno de la Unión Africana se adoptó un protocolo relativo al Tribunal de Justicia de la Unión Africana. La UA decidió fusionar los dos tribunales en 2004 y el protocolo para lograrlo se adoptó en 2008. El nuevo tribunal se dividirá en dos secciones, una de asuntos generales con competencias para conocer de todos los casos, y otra de DDHH, ambas compuestas por ocho jueces. Cada sección puede decidir remitir un caso a la Corte en pleno para su consideración[82]. Lo cierto es que a día de hoy solo funciona la Corte africana de DDHH y de los pueblos.

Una característica de este sistema de protección de los DDHH, a diferencia de los anteriores, es que su tratado marco reconoce en un único instrumento los derechos civiles y políticos, así como los DESC y los derechos colectivos, dejando claras la indivisibilidad e interdependencia de los derechos. "Los derechos civiles y políticos no pueden desvincularse de los económicos, sociales y culturales en su concepción y universalidad. La satisfacción de los derechos económicos, sociales y culturales es una garantía para el ejercicio de los derechos civiles y políticos" (art.7). Es un sistema que también cuenta con instrumentos de carácter temático.

En este *corpus iuris* se produce la internacionalización de los DDHH.

---

81 Cfr. SENYONJO, M., *The African Regional Human Rights System, 30 years after the African Charter on Human and Peoples' Rights*, Brill, 2011, pp.672; KOFI OTENG K, The African Human Rights System, Springer, 2010, pp.182; ORLU, V., The African Human Rights System, Its Law, Practice, and Institutions, Martinus Nijhoff Publishers, 2001, pp.443.

82 SHAW, M., *International Law* ...ob.cit., p.282.

De los sistemas de protección de los DDHH podemos advertir un común denominador: son sistemas de protección del individuo frente al Estado, subsidiarios respecto de los sistemas nacionales, establecidos en el marco de OOII, y su objetivo es garantizar el disfrute de los DH y no la condena del Estado. También advertimos el desarrollo y reconocimiento de los derechos civiles y políticos, y económicos, sociales y culturales en tiempos distintos, lo que en palabras de Karel Vasak se conoce como generaciones de los derechos[83]. En el ámbito universal si bien junto al PIDCP se aprueba el PIDESC en 1966, para los Derechos civiles y políticos se reconoce un órgano, pero para los DESC no, hasta casi 20 años después. En los ámbitos regionales pasa algo parecido. Los DESC se regulan mucho después que los derechos civiles y políticos, y solo para los derechos civiles y políticos se establecen tribunales de protección. En el ámbito europeo se crea un Comité Europeo de Derechos Sociales. En el ámbito americano, se adopta casi dos décadas después de la CADH, el Protocolo de San Salvador, pero éste no crea ningún órgano para la protección de los DESC. Solo los derechos sindicales y educación, podría dar lugar a la aplicación del sistema de peticiones individuales a través de la Comisión y la Corte Interamericana. Sobre los demás derechos, la Comisión sólo puede formular las observaciones y recomendaciones que considere en un Estado parte, y luego incluirlos en el Informe Anual que presenta a la Asamblea General de la OEA, pero desde el 2015 la Corte se pronuncia sobre el art. 26 de la CADH, único artículo en la CADH vinculado con los DESC. El sistema que se diferencia, en este sentido del europeo y americano, es el africano que recoge en un solo instrumento los dos tipos de derechos, y establece el mismo órgano para la protección tanto de derechos civiles y políticos como de los económicos, sociales y culturales.

Los sistemas regionales se diferencian del sistema universal, en cuanto este último no tiene tribunal de protección de los DDHH, aunque sí, un TIJ para resolver asuntos entre Estados.

---

83 VASAK, K., *The international dimentions of human rigths,* vol. 2, Greenwood Press, 1982, pp. 372.

De este modo, en el mundo, paralelamente a la adopción de instrumentos internacionales de protección del ser humano, advertimos el nacimiento de diversos órganos de protección de los DDHH, ya sean tribunales o no. Sin duda, como señala Fernández Liesa, la convivencia del TIJ con los tribunales penales internacionales, tribunales de proceso de integración, de DDHH y tribunales nacionales, es algo muy positivo, "pues *incrementa la justiciabilidad del Derecho internacional de los derechos humanos'*[84].

2.5. Derechos Humanos en algunos Estados asiáticos

Lamentablemente, los Estados de esta región del mundo no han mostrado un interés especial por los DDHH y no existe un sistema regional de protección de los DDHH en este continente. Las razones son muchas; Muntarbhorn señala ocho razones, hace referencia a la falta de voluntad política; a la extensión y heterogeneidad, en el que es irreal aspirar a un tratado regional; al nivel de respeto en la región que dejan mucho que desear, por cuanto está antes la soberanía que los DDHH; señala que si los gobiernos deciden defender DDHH, no son los civiles y políticos, sino los económicos, sociales y culturales, y al desarrollo; los países que tienen voluntad de cumplir, por lo menos verbalmente, con algunos estándares universales destacan que existen particularidades en la región que no deben olvidarse; muchos países invocan que se trata de un concepto occidental; "existe el rechazo general (de la región Asia-Pacífico) de la política de 'condicionalidad', condiciones que nominalmente vinculan el comercio con el respeto a los derechos humanos", y por último "es que el debate sobre los DDHH toma un aire ambivalente cuando se enfrenta con muchos dobles estándares en la aplicación de los mismos globalmente"[85]. No obstante, existen diversas iniciativas a nivel regional, procesos

---

84 FERNÁNDEZ LIESA, C., *El derecho internacional de los derechos...*, ob.cit., p.420.

85 MUNTARBHORN, v., Hacia un sistema de protección de los derechos humanos en Asia y Pacífico, *La Protección Internacional de los Derechos Hu-*

respaldados por la Oficina del Alto Comisionado de las Naciones Unidas para los Derechos Humanos, Foro de Institucionales Nacionales de Derechos Humanos y otras iniciativas; y a nivel subregional, Asia occidental, Asia del sur, Sudeste asiático[86]. En este último, en el marco de la organización internacional de la Asociación de Naciones del Asia Sudoriental (ASEAN) compuesta por 10 Estados (Vietnam, Laos, Brunéi, Camboya, Singapur, Myanmar, Indonesia, Filipinas, Malasia y Tailandia) en el año 2012 se ha adoptado por unanimidad la Declaración Asiática de los Derechos Humanos. Es una esperanza para un mayor desarrollo del reconocimiento y protección de los DDHH en esta parte del mundo, más aún, teniendo en cuenta que la ASEAN mantiene relaciones comerciales con China, India, Japón, entre otros Estados de dicha región.

Visto brevemente lo anterior, podemos decir que hay un gran avance en lo que a reconocimiento y protección de DDHH en el ámbito internacional se refiere. Como señala Merón, hoy por hoy, no hay duda de que el individuo goza de subjetividad internacional, y aunque los recursos disponibles para las personas son aún mejorables, son incuestionables los avances existentes en relación con la centralidad del individuo en Derecho internacional, ya sea con el acceso ante los tribunales internacionales o los avances en materia de responsabilidad penal individual[87]. Las personas tienen derechos y son sujetos de Derecho internacional, aunque con una capacidad limitada, pero esto no significa automáticamente que haya un goce efectivo de los mismos por parte de los ciudadanos. El Derecho internacional de los derechos humanos, al igual que el DI es imperfecto y tiene muchas carencias que impiden la efectividad de los mismos. Uno de estos aspectos son la voluntariedad y la

---

manos en los Albores del Siglo XXI, GÓMEZ I., (dir.), Universidad de Deusto, Bilbao, 2004, pp. 623-624.

86 Ídem, pp.625-634.

87 MERÓN, Th, *International Law in the Age of Human Rights*, Recueil des Cours, Collected Courses of the Hague Academy of International Law, vol. 301, p. 329.

falta de coercibilidad, relacionados con la soberanía. Muchas veces, ésta última sirve de justificación para no asumir obligaciones o en su caso para no cumplir con compromisos adquiridos previamente. Por ello, Fernández Liesa dice que no cabe una interpretación rígida que considere la violación de los DDHH como una cuestión interna o doméstica, al abrigo de la soberanía[88]. No obstante, partimos de que los DDHH son un límite a esta soberanía, pero esto no implica que los Estados automáticamente están obligados a protegerlos; debiera ser así, pero a día de hoy, previamente se requiere de la voluntad del Estado para obligarse respecto a un tratado y respecto a los órganos de protección, sean judiciales o no. Esto debe hacerlo mediante la ratificación de los tratados y asumiendo voluntariamente la competencia de los órganos internacionales. Sin duda, esto cambiaría siempre y cuando los DDHH sean normas imperativas o *ius cogens*, pero lamentablemente a día de hoy no todos los DDHH tienen tal naturaleza[89]. Para algunos autores la ausencia que impide un desarrollo a nivel internacional, del reconocimiento y protección efectiva de los derechos, es la inexistencia de un poder político supranacional con poderes plenos, en el mismo ámbito en el que se pretende establecer el ordenamiento jurídico sobre esta materia. La ausencia de un legislador, de un juez o un gobierno centralizado, hace que las normas internacionales se apliquen en un medio descentralizado, plural y muy heterogéneo, dificultando en el ámbito del DIDH, el control del cumplimiento de estas normas y de la sanción si no se cumplen, ya sea a través del mecanismo de la responsabilidad internacional u otras formas establecidas en esas normas ante el incumplimiento de las obligaciones internacionales[90].

---

88 FERNÁNDEZ LIESA, C., *El sistema universal de derechos humanos*...ob.cit., p.35.

89 QUISPE REMÓN, F. "Ius cogens: Ausencia de Catálogo", *Anuario Español de Derecho Internacional*, 2012, vol. XXVIII, pp.143-183, y *El debido proceso en el Derecho Internacional y*..., ob.cit., pp. 297-576.

90 PECES-BARBA MARTÍNEZ, G., *Curso de Derechos Fundamentales*..., ob.cit, p. 177.

En palabras de Peces-Barba, "el DIDH necesita de nuevos desarrollos desde la perspectiva de la solidaridad y de consideraciones elementales de humanidad, fundamentalmente en el ámbito de las garantías, así como en el reconocimiento de algunos derechos colectivos". Así, para este autor se encuentra en un nivel de primitivismo y lo compara con la situación de los Derechos nacionales en la Edad Media, debido a que el proceso en muchos casos está en el nivel de la Filosofía de los derechos y no en un Derecho positivo generalizado, y exceptúa de este estado al sistema europeo, que en sus palabras ha dado más pasos por la homogeneidad de sus Estados miembro (EEMM) que aceptan el sistema parlamentario representativo, el imperio de la ley y el respeto de la libertad individual[91].

Con sus carencias, hoy se puede señalar que hay un gran desarrollo de los DDHH desde mediados del Siglo XX, comprometiendo prácticamente a todos los Estados del mundo, al menos formalmente, con excepción de los no democráticos, a su reconocimiento, protección y goce efectivo. Sin duda, el concepto clásico de soberanía con esta evolución ha sido alterado y el ejercicio del Estado, limitado. No es posible, transcurridos más de setenta años desde la adopción de la Carta de la ONU, pensar que el concepto que los Estados tenían en aquel entonces sea el mismo a día de hoy, tras un amplio desarrollo normativo y jurisprudencial. Los DDHH hoy en gran parte escapan a la voluntad de los Estados, son supraestatales y deben estar al margen de las competencias que el artículo 2.7 denomina "asuntos que son esencialmente de la jurisdicción interna de los Estados" y su tutela debería quedar garantizada jurisdiccionalmente en el ámbito internacional frente a los Estados mismos[92]. "Pero esto quiere decir que sus violaciones pueden ser hoy interpretadas como el fruto de una *antinomia* no resuelta del viejo principio vitoriano de la igual soberanía de los Estados, no ya con el derecho natural, sino con los principios positivos del nuevo derecho

---

[91] Ídem, pp.177-178.

[92] FERRAJOLI, L., *Derechos y garantías...*, ob.cit. p. 146.

internacional; al mismo tiempo, la ausencia de garantías adecuadas contra dichas violaciones por parte de los Estados puede ser interpretadas a su vez como una indebida laguna que debe ser colmada. Quiere decir, en otras palabras, que el ordenamiento internacional es ineficaz por el hecho de que sus órganos no son ya un 'tercero ausente', sino un 'tercero impotente'"[93].

Ferrajoli, referenciando a Dworkin, recuerda que debe tomar en serio el Derecho internacional y "aceptar que sus principios son vinculantes y que su diseño normativo ofrece una perspectiva alternativa frente a lo que de hecho ocurre; hacerlos valer como claves de interpretación y como fuentes de crítica y de deslegitimación de lo existente; proyectar, en fin, las formas institucionales, las garantías jurídicas y las estrategias políticas necesarias para su realización"[94].

Si bien es cierto, no todos los Estados del mundo se comprometen de la misma forma respecto al reconocimiento y protección de los DDHH en el mundo; son cada vez más los Estados que muestran su compromiso y reconocen la importancia de garantizar y proteger los DDHH de todas las personas que están bajo su jurisdicción, si se quiere un mundo mejor. Una muestra de ello es que gran parte de los Estados del mundo han ratificado los principales instrumentos de DDHH y han asumido la competencia contenciosa de sus órganos. Esto implica que los Estados, de buena fe, deben dar pleno cumplimiento al contenido del tratado y se debe crear un órgano, si aún no existe, para realizar el seguimiento al cumplimiento de los mismos.

Pero, es también cierto que la sola ratificación de los tratados internacionales no garantiza automáticamente la efectividad de los DDHH. Se requiere voluntad política, para poder realizar las gestiones pertinentes a nivel interno, ya sea adoptando normas o suprimiendo aquellas que obstaculizan el ejercicio efectivo de los DDHH, y también recursos económicos para su implementación.

---

93 Ídem, p. 147.

94 FERRAJOLI, L., *Derechos y garantías…*, ob.cit., p. 148.

Es indispensable establecer adecuadas garantías jurisdiccionales para su efectividad. Así, en palabras de Ferrajoli, si no se quiere tomar a los tratados como declaraciones retóricas, la ausencia de garantías debe ser reconocida por la cultura política y jurídica como una *laguna* que debe ser resuelta obligatoriamente por la ONU, y por tanto por los Estados que a ella se adhieren. Ello no implica pensar en un gobierno mundial, sino "en la perspectiva de una efectiva limitación de la soberanía de los Estados mediante el establecimiento de garantías jurisdiccionales contra las violaciones de la paz en el exterior y de los DDHH en el interior, avanzado por Kelsen en su libro *La paz por medio de derechos*". De esta forma, plantea un cambio respecto a la jurisdicción del TIJ y propone la ampliación de su competencia a los juicios de responsabilidad en materia de guerras, amenazas a la paz y violaciones de los DDFF, la afirmación del carácter obligatorio de su jurisdicción, el reconocimiento de la legitimación de los particulares, cuyos DDHH han sido violados y de ONG que tutelan DDHH[95].

En el proceso de la internacionalización el papel del Estado ha sido determinante y debe ser también determinante su papel en lo que a garantías se refiere, por cuanto esto va más allá de la soberanía. Abarca los compromisos/obligaciones adquiridos voluntariamente en nombre de su soberanía a favor de los DDHH. Su papel es cumplir con las obligaciones adquiridas al ratificar un instrumento internacional y con las decisiones de sus órganos, si ha asumido la competencia de los órganos internacionales de protección de los DDHH, sean éstas judiciales o no.

95 Ídem, p.153.

3. OBLIGACIÓN DEL ESTADO FRENTE AL DERECHO INTERNACIONAL DE LOS DERECHOS HUMANOS

Recordemos que una de las características del DI es la voluntariedad de sus sujetos para asumir las obligaciones internacionales, y éstos deciden el momento en que ratifican un tratado, a excepción de las normas imperativas de Derecho internacional, para las que resulta irrelevante que el Estado haya o no ratificado un instrumento internacional, que exigen el cumplimiento a todos los Estados y son *erga omnes.* Pero teniendo en cuenta que gran parte de los tratados de DDHH son de carácter dispositivo, la discrecionalidad y voluntariedad de los Estados son necesarios para asumir cualquier obligación internacional.

El procedimiento establecido para asumir obligaciones cuando se trata de normas dispositivas lo encontramos en la Convención de Viena sobre el Derecho de los Tratados (CV69). De ella advertimos las formas de manifestación del consentimiento en obligarse por un tratado y el consentimiento en obligarse por un tratado manifestado mediante la firma. Un Estado puede manifestar su consentimiento en obligarse a través de la firma, el canje de instrumentos que constituyan un tratado de ratificación, la aceptación, la aprobación o la adhesión, o en cualquier otra forma que se hubiere convenido[96]. Así, uno de los aspectos relevantes e imprescindibles en el Derecho internacional para asumir obligaciones es el consentimiento. Adquirir compromisos internacionales, en palabras del Tribunal Permanente de Justicia internacional (TPJI) en el caso Wimbledon, constituye un atributo de la soberanía del Estado. Así, "se niega a ver en la conclusión de un tratado cualquiera, por el cual un Estado se compromete a hacer o no hacer alguna cosa, un abandono de soberanía. Sin duda toda convención que engendra una obligación de este género establece una restricción al ejercicio de derechos soberanos del Estado, en el sentido de que imprime una dirección determinada a dicho

---

96 Convención de Viena Sobre el Derecho de los Tratados de 1969, en vigor desde 1980, punto 11.

ejercicio. Pero la facultad de contraer compromisos internacionales es precisamente un atributo de la soberanía del Estado[97].

Si seguimos la línea de esta jurisprudencia, podemos decir que efectivamente es parte de la soberanía del Estado el adquirir compromisos internacionales, pero después de la humanización del Derecho internacional, los tratados firmados en materia de DDHH deberían exigir una responsabilidad y un compromiso diferente porque los intereses que se protegen son superiores, son los derechos de las personas. Efectivamente tanto los Estados como los órganos internacionales han ido "asumiendo" que los compromisos adquiridos al ratificar los tratados de DDHH son diferentes a los compromisos de otra naturaleza.

Los tiempos han cambiado con la internacionalización de los DDHH y por ende los Estados deben asumir su responsabilidad frente a su protección, de manera efectiva y real. Es esencial que los Estados, sujetos por excelencia del DI, asuman las obligaciones adquiridas al ratificar un tratado de derechos humanos, lo cual implicará una mejor protección de las personas que se encuentren bajo su jurisdicción, por un lado, y por otro, el respeto del Derecho internacional, que a su vez es el reflejo de su compromiso con las personas y el Derecho internacional, que hoy más que nunca, atraviesa su peor momento. En esta línea, los Estados no deben perder de vista en ningún caso los dos grandes principios que rigen el DI, el *Pacta sunt servanda* y el principio de la buena fe. Si uno no cumple con la palabra dada, ¿qué queda?

Sin el compromiso real con el Derecho internacional, con los DDHH, con los Objetivos de Desarrollo Sostenible (ODS), entre otros, no se harán efectivos. Se debe tener en cuenta que "Ninguno de los problemas que afectan al futuro de la humanidad puede ser efectivamente resuelto, y ninguno de nuestros valores de nuestro tiempo puede ser realizado fuera del horizonte del

---

97 Tribunal Permanente de Justicia Internacional, SS "Wimbledon", fallo de 17 de agosto de 1923, Serie A, N°1, p.25.

derecho internacional"[98]. Vivimos en un mundo globalizado e interdependiente en el que existen grandes y graves problemas globales que de manera individual un Estado aplicando solo su derecho interno no puede hacer frente; es necesario la unión de los Estados para hacer frente a dichos problemas. Los problemas globales requieren soluciones globales y eso solo se puede realizar a través del respeto del Derecho internacional donde los Estados actúen de buena fe. Así, el cambio por el respeto y el compromiso con el Derecho internacional, no vendrá si no es por la voluntad de los sujetos de DI, especialmente de los Estados.

Lo cierto es que el respeto del DI en general y del DIDH en particular está en manos de los sujetos de DI, fundamentalmente del Estado. Por ello, su comportamiento será valorado teniendo en cuenta su conformidad o no con dicho ordenamiento jurídico. Uno de los retos que enfrenta el DI es justamente lo relacionado con su cumplimiento por cuanto una característica de este ordenamiento jurídico es la voluntariedad. Como dice Dickinson "La academia de derecho internacional sigue atrapada en un debate furioso sobre la medida en que los estados cumplen o no con las normas legales internacionales"[99]. No existe en el DI un mecanismo institucionalizado encargado de aplicar el Derecho a diferencia del Derecho interno, pero en palabras de Pellet, esto no impide que la mayoría de las reglas del Derecho internacional se apliquen, a pesar de las deficiencias de la sociedad internacional, en especial la cuestión sobre la sanción y la coercibilidad. Así, este autor señala que contrariamente a la creencia popular, la sanción existe en el Derecho internacional, pero debido al carácter incompleto del aparato represivo internacional y de los mecanismos jurisdiccionales, la ejecución de la responsabilidad es menos efectiva y completa que en el marco interno, y ello porque la Comu-

---

98 FERRAJOLI, L., *Derechos y garantías…*, ob.cit., p. 151.

99 DICKINSON, L.A., "Military Lawyers on the Battlefield: an empirical account of International Law compliance", *American Journal of International Law*, vol. 104 (1), 2010, p. 1.

nidad Internacional carece de aparato judicial y de los medios de coacción que existen en el derecho interno (...)[100].

3.1. Las obligaciones de los Estados frente al Sistema Interamericano de Derechos Humanos

Si bien mencionamos anteriormente las obligaciones de los Estados frente al DIDH, en este epígrafe focalizaremos nuestra atención en las obligaciones específicas que han adquirido los Estados de esta región del mundo frente al SIDH.

Los orígenes más próximos del SIDH se remontan a 1948 cuando se crea la OEA y se adopta la Declaración Americana. Desde entonces se han adoptado muchos otros instrumentos en materia de DDHH en el ámbito americano, como la Convención Americana sobre Derechos Humanos, el Protocolo de Derechos Económicos Sociales y Culturales, así como muchos otros instrumentos de carácter temático. A todo este entramado jurídico se conoce como Sistema Interamericano de Derechos Humanos[101].

La OEA es una organización internacional de carácter regional que engloba a 35 Estados del continente americano entre los que se encuentran Estados Unidos y Canadá. En el marco de esta organización que se desarrolla el SIDH, pero lamentablemente no todos los Estados partes de la OEA, es decir, los 35, forman parte del SIDH. Es más, solo 23 han ratificado la CADH, que es el instrumento marco de DDHH del sistema, y solo 20 han asumido la competencia contenciosa de la Corte, es decir, la Corte solo tiene competencia para exigir el cumplimiento de la CADH y su jurisprudencia a 20 de los 35 Estados. En el ámbito europeo, 46

---

100 PELLET, A., *Le droit international à la lumière de la pratique: l'introuvable théorie de la réalité. Cours général de droit international public,* Recueil des Cours, Collected Courses of the Hague Academy of International Law, vol.414, 2021, pp. 208-209.

101 QUISPE REMÓN, F., *Los Derechos Humanos en el Sistema Interamericano,* Tirant Lo Blanch, 2018.

Estados forman parte del Consejo de Europa y los 46 han ratificado la Convención Europea de Derechos Humanos y todos han asumido la competencia contenciosa del TEDH. Se advierte de este sistema la existencia de un apoyo absoluto al sistema a diferencia del americano.

Son 35 Estados partes de la OEA, pero no por ser parte de esta OOII, los Estados automáticamente están obligados a cumplir con lo establecido en todos los instrumentos de DDHH que se aprueban en su seno, ni siquiera en el instrumento principal que es la CADH. Cada instrumento para ser obligatorio, incluido los protocolos a la CADH, requieren la ratificación específica por parte de los Estados. Es aquí donde entra a jugar un papel especial, la soberanía y la voluntariedad de los Estados, y la importancia que los Estados le otorgan a la protección de los DDHH.

No obstante, a la importancia de reconocimiento y respeto de los DDHH en toda sociedad, a día de hoy, los Estados son entes soberanos y deciden cuando ratificar o no un instrumento internacional de protección de los DDHH y asumir la competencia contenciosa de su órgano. Ya puede estar muy mal visto por la comunidad y la sociedad internacional la no ratificación de los principales instrumentos de derechos humanos, como la Convención Americana a nivel regional, pero es su voluntad hacerlo o no. El Derecho internacional no impone a un Estado a obligarse/vincularse a un tratado. Esto es potestad absoluta del Estado. Lo cierto es que, no formar parte del SIDH es el reflejo de la indiferencia hacia el reconocimiento y la protección de los DDHH a nivel internacional, por un lado, y por otro, implica privarles de la protección internacional a quienes están bajo su jurisdicción.

Esto significa que los Estados ratifican los tratados que lo consideran y en el momento que les parece oportuno. Lo mismo sucede con obligarse frente a los órganos creados por estos tratados, judiciales o no, es decir, voluntariamente deciden asumir la competencia contenciosa de los mismos. Allí radica su soberanía. Siendo ello así, el cumplimiento de un tratado es exigible al Estado que lo haya ratificado voluntariamente y al que no haya realizado dicho acto, no se le puede exigir su cumplimiento. Como señala Hart, en muchas cuestiones importantes, las relaciones entre los Estados están reguladas por tratados multilaterales, y en ocasiones se alega que estos pueden obligar a Estados que no son parte, "si esto fuera generalmente reconocido, dichos tratados serían en realidad actos legislativos y el derecho internacional tendría distintos criterios de validez para sus reglas"[102]. En la misma línea advertimos el reconocimiento de la figura conocida como "denuncia" en los diversos instrumentos internacionales, como la CADH, que permite a los Estados partes denunciar a la CADH mediante un preaviso de un año, notificando al Secretario General de la OEA, quien debe informar a las otras partes, aunque deja dicho que la denuncia no tendrá por efecto desligar al Estado parte interesado de las obligaciones recogidas en la CADH en lo que se refiere a todo hecho que, pudiendo constituir una violación de esas obligaciones, haya sido cumplido por él anteriormente a la fecha en la cual la denuncia produce efecto (art.78 CADH)[103]. Todo ello sin perder de vista que el SIDH es un sistema complementario o coadyuvante a los ordenamientos internos, conforme se ha plasmado en el preámbulo de la CADH.

---

102 HART, H.L.A., *El concepto de Derecho,* traducción de Genaro R. Carrió, Abeledo-Perrot, 1961, p.291.

103 Acogiéndose a este artículo, Trinidad y Tobago notificó su resolución de denunciar a la Convención Americana al Secretario General de la OEA, el 26 de mayo de 1998, la misma que entró en vigor un año después de la notificación. Por otro lado, tenemos a Venezuela que el 10 de septiembre de 2017 presentó su denuncia a la CADH, surtió efecto desde septiembre de 2013. En 2017 Venezuela y Nicaragua en 2021 han planteado su retiro de la OEA. En el caso de Venezuela la situación es particular porque el retiro lo plantea Venezuela de Nicolás Maduro y la OEA declaró a Maduro como gobierno ilegítimo y reconoció como legítimo a Juan Güaidó y éste último reconoce la OEA y tiene un representante ante esta organización. Nicaragua planteo su retiro en el 2021, que se hará efectivo en el 2023, transcurrido dos años desde que se planteó la denuncia ante el secretario general de la OEA, conforme lo establece el artículo 143 de la Carta de la OEA.

En el SIDH existen una serie de tratados[104] y justamente porque desde el DI no existe obligatoriedad jurídica a vincularse a ningún tratado, ni siquiera a los tratados marco, los Estados eligen los tratados a los que vincularse. Ser parte de la OEA no les obliga automáticamente a comprometerse con todos los tratados de DDHH aprobados bajo su paraguas, ni ratificar un tratado implica el compromiso frente a todos los tratados adoptados en la región. Esta voluntariedad hace que los Estados como Estados Unidos y

---

[104] Entre otros: Carta de la Organización de los Estados Americanos (1948), Carta Democrática Interamericana (2001), Carta Social de las Américas (2012), Protocolo Adicional a la Convención Americana en materia de Derechos Económicos, Sociales y Culturales (Protocolo de San Salvador, 1988/1999); Protocolo a la Convención Americana sobre Derechos Humanos relativo a la abolición de la pena de muerte (1990); Declaración de principios sobre la libertad de expresión (2000); Ley modelo interamericana sobre acceso a la información pública (2010); Convención Interamericana contra toda forma de Discriminación e Intolerancia (2013); Convención Interamericana para prevenir, sancionar y erradicar la violencia contra la mujer (Convención Belém do Pará, 1994); Convención Interamericana sobre Concesión de los derechos civiles a la mujer (1948); Convención Interamericana sobre Concesión de los derechos políticos a la mujer (1948); Convención interamericana sobre el tráfico internacional de menores (1994); Convención para prevenir y sancionar la tortura (1985); Convención Interamericana sobre Desaparición forzada de personas (1994); Convención Interamericana para la Eliminación de todas las formas de discriminación contra las personas con Discapacidad (1999); Declaración Americana sobre los Derechos de los Pueblos Indígenas (2016); Convención Interamericana contra el Racismo, la Discriminación Racial y formas conexas de intolerancia (2013); Convención Interamericana contra toda forma de discriminación e intolerancia (2013); Convención Interamericana sobre la protección de los DDHH de las personas mayores (2015); Declaración de principios sobre Libertad de Expresión, y principios y Buenas prácticas sobre la protección de las personas Privadas de Libertad en las Américas (2008); Principios sobre Políticas Públicas de Memoria en la Américas (2019), Principios Interamericanos sobre los Derechos humanos de todas las personas Migrantes (2019); Principios Interamericanos sobre Derechos Humanos de todas la personas Migrantes, Refugiadas, Apátridas y Víctimas de la trata de Personas (2019).

Canadá a pesar de formar parte de la OEA no han ratificado el principal instrumento de Derechos Humanos del SIDH ni han asumido la competencia contenciosa de su órgano judicial, la Corte Interamericana. Este hecho impide e impedirá que veamos pronunciamientos por parte de la Corte sobre la violación de los DDHH en estos Estados. Sin embargo, la falta de pronunciamiento del órgano de protección judicial de DDHH respecto a un Estado, no significa automáticamente la ausencia de violaciones de los DDHH bajo la jurisdicción de éstos. Para nadie son desconocidos la existencia de Guantánamo y los pronunciamientos al respecto de diversos organismos no gubernamentales y de la Comisión Interamericana de DDHH contra EEUU. La Comisión se pronuncia porque es órgano de la OEA y este Estado es parte de ella.

Los Estados pueden ratificar la CADH y no asumir la competencia contenciosa de la Corte. Esto significa que el Estado se obliga a cumplir con las disposiciones establecidas en la Convención, pero en ningún caso autoriza al órgano judicial a pronunciarse sobre este Estado en caso de incumplir o violar los derechos recogidos en la Convención Americana. En este contexto, por más que haya violaciones flagrantes de los derechos reconocidos y protegidos por la Convención, la Corte interamericana se encuentra "atada de pies y manos" sin poder pronunciarse sobre ese Estado. Visto así, un Estado que voluntariamente ha ratificado la Convención Americana y ha asumido la competencia de la Corte, en ejercicio de su soberanía, está obligado jurídica y moralmente a dar pleno cumplimiento al contenido de la Convención y a las decisiones que emanen de la Corte, en el entendido de que las decisiones de ésta tienen como fundamento a la CADH. Lo ideal sería que los DDHH estén siempre por encima de los intereses y deben respetarse en cualquier sistema de gobierno, aunque su ejercicio efectivo siempre está vinculado con gobiernos democráticos. En palabras de Díaz Barrado los derechos de carácter civil y político serían "elementos imprescindibles para el desarrollo del proceso democrático", sin embargo, "los DESC se les ha considerado complementarios, pero no indispensables (...). Por lo tanto, no sería absoluta en términos de Derecho internacional la simple de que democracia y derechos humanos son realidad que están completamente unidas"[105].

3.2. Los Estados Partes frente a la Convención Americana sobre Derechos Humanos

Este Tratado fue adoptado en noviembre de 1969. Los Estados manifestaron en su preámbulo, su propósito de consolidar en esta región un régimen de libertad personal y de justicia social, en el marco de instituciones democráticas, basado en el respeto de los derechos esenciales del hombre, y reconociendo que los derechos esenciales del hombre no nacen de ser nacional de cierto Estado, "sino que tienen como fundamento los atributos de la persona humana, razón por la cual justifican una protección internacional, de naturaleza convencional coadyuvante o complementaria de la que ofrece el derecho interno de los Estados americanos".

La Convención Americana ha sido ratificada por 23 Estados. Este tratado de DDHH consta de un preámbulo y 82 artículos y se divide en tres partes: Deberes de los Estados y Derechos protegidos, medios de protección y disposiciones generales. Se trata de un tratado que hace titulares de los derechos a los seres humanos y establece obligaciones para los Estados. Los 23 Estados que voluntariamente han ratificado este instrumento se comprometen a dar pleno cumplimiento en su derecho interno a las disposiciones recogidas en ella. Como hemos mencionado, la primera parte del principal tratado vinculante de DDHH de la región se refiere a los deberes de los Estados.

El artículo 1 de la CADH deja establecido la obligación de los Estados partes de *respetar los derechos y libertades* reconocidos en ella, así como garantizar su libre y pleno ejercicio a todas las per-

---

105 DÍAZ BARRADO C. y DÍAZ GALÁN, E., "El valor de la democracia en el marco de la globalización: avances y retrocesos en perspectiva jurídica", *Anuario de la Facultad de Derecho. Universidad de Extremadura* 37 (2021), pp. 40-41.

sonas que se encuentren bajo su jurisdicción, sin ningún tipo de discriminación por motivos de raza, color, sexo, idioma, religión, opiniones políticas o de cualquier otra índole. Se trata de un artículo que se refiere en primer término a la *obligación del Estado de respetar los derechos reconocidos en la Convención,* y en segundo término a *la obligación de garantizar el libre y pleno ejercicio a las personas.*

Por otro lado, el artículo 2 se refiere al "Deber de adoptar disposiciones de Derecho Interno". Si el ejercicio de los derechos y libertades del artículo 1 no estuviere ya garantizado por disposiciones legislativas o de otro carácter, los Estados Partes se comprometen a adoptar, con arreglo a sus procedimientos constitucionales y a las disposiciones de esta Convención, las medidas legislativas o de otro carácter que fueran necesarias para hacer efectivos tales derechos y libertades.

El artículo 33 reconoce a la Corte, junto a la Comisión, la competencia para conocer de los asuntos relacionados con el cumplimiento de los compromisos contraídos por los Estados Parte respecto de la CADH. Y así lo asume la Corte, al señalar que no está dentro de sus atribuciones investigar ni sancionar la conducta individual de los agentes del Estado que hubieren participado en las violaciones a los DDHH, sino para establecer la responsabilidad internacional del Estado como consecuencia de dicha violación. En este contexto, le compete, dice la Corte, "determinar las violaciones de los derechos consagrados en la Convención..."[106]. Así, se activará la competencia de la Corte cuando el Estado, por acción u omisión de cualquiera de sus órganos haya violado una obligación establecida en la Convención, incurriendo en responsabilidad internacional[107]. Ello, como ya hemos mencionado *supra,* siempre y cuando el

---

106 Corte IDH, Caso Niños de la Calle "Villagrán Morales y otros" vs. Guatemala. Sentencia de 19 de noviembre de 1999, párr. 223.

107 VIO GROSSI, E., "Jurisprudencia de la Corte Interamericana de Derechos Humanos: ¿del control de convencionalidad a la supranacionalidad? En: *Anuario de Derecho Constitucional Latinoamericano 2015,* Colombia, Konrad Adenauer Stiftung, 2015, p.101.

Estado haya asumido expresamente la competencia contenciosa de este órgano judicial.

Por otro lado, la Convención americana, establece que una vez se haya investigado y determinado que se han vulnerado derechos garantizados por ella, conforme lo establece el artículo 63.1, la Corte dispondrá que se garantice al lesionado en el goce de su derecho o libertad conculcados; también dispondrá, si ello fuera procedente, que se reparen las consecuencias de la medida o situación que ha configurado la vulneración de esos derechos y el pago de una indemnización a la parte lesionada. En palabras de la Corte este artículo "acoge una norma consuetudinaria que constituye uno de los principios fundamentales del Derecho Internacional contemporáneo sobre la responsabilidad de los Estados. Al producirse un hecho ilícito imputable a un Estado, surge la responsabilidad internacional de éste, con el consecuente deber de reparar y hacer cesar las consecuencias de la violación"[108]. También este artículo ha servido de fuente normativa para el amplio desarrollo de las reparaciones, conocidas como reparaciones integrales, que ha realizado la Corte interamericana en su jurisprudencia[109]. Hay quien señala que las medidas de reparación ordenadas tanto por la Comisión como por la Corte, desde el punto de vista normativo, "carecen de legitimidad cuando no son idóneas para reparar los derechos de las víctimas, o cuando son desproporcionadas e inviables -en sentido jurídico o fáctico"[110], como sucede con las medidas que se refieren a cambios estructurales institucionales o normativos que soslayan el contexto, los trámites

---

[108] Corte IDH, Caso Trabajadores Cesados del Congreso (Aguado Alfaro y otros) vs. Perú, sentencia de 24 de noviembre de 2006 (Excepciones preliminares, Fondo, Reparaciones y Costas), párr.142.

[109] Ver QUISPE REMÓN, F., "La protección de los Derechos Humanos en el Sistema Interamericano: su evolución y una visión actual", *Anuario Español de Derecho Internacional*, Vol. 32, 2016, pp. 225-258, p. 239.

[110] BERNAL, C., "Tres desafíos de legitimidad del Sistema Interamericano de Derechos Humanos", *Oxford University Press and New York University School of Law* 2022, vol. 19, Nº 4, p. 1217.

democráticos o el tiempo necesario para su implementación por los Estados[111].

A diferencia de la Comisión, la Corte es un órgano judicial y su fallo será definitivo e inapelable. No cabe ningún recurso contra la sentencia. La única vía frente al desacuerdo sobre el sentido o alcance del fallo es la interpretación que la Corte pueda realizar a solicitud de cualquiera de las partes, siempre que ésta se presente dentro de los noventa días desde la fecha de la notificación del fallo (art.67). De existir una solicitud de interpretación, ésta terminará con una sentencia de interpretación expedida por este órgano judicial.

Por otro lado, advertimos de la CADH, el compromiso de los Estados Partes de cumplir la decisión de la Corte en todo caso en que sean partes, así como ejecutar la parte del fallo que disponga la indemnización compensatoria conforme al procedimiento interno de cada país para la ejecución de sentencias contra el Estado (art.68). Precisa la Convención la obligatoriedad en los casos en que los Estados sean partes y se refiere específicamente al fallo, pareciera que esta obligatoriedad no incluyera a los otros Estados partes de la Convención que no sean parte en el proceso. Lo cierto es que la sentencia incluido el fallo será notificado a las partes y transmitida a todos los Estados parte en la Convención (art.69). Esto implica que si bien el cumplimiento del fallo es destinado al Estado parte en el proceso, hay que tener en cuenta que las decisiones de este órgano judicial constituyen jurisprudencia y por ende todos los Estados parte que han asumido la competencia contenciosa de la Corte deben dar pleno cumplimiento como lo ha venido sosteniendo la Corte interamericana. En este contexto es importante tener en cuenta que la Corte interamericana tiene dos competencias: contenciosa y consultiva. El artículo 68 se refiere claramente a la primera competencia, la contenciosa, pero en la jurisprudencia de este órgano judicial advertimos el amplio desarrollo de la otra competencia, la consultiva, a través de las opiniones consultivas que no

---

111 Ibídem.

tienen por sí mismas fuerza vinculante, a pesar de su evidente valor jurídico[112]. Sus efectos jurídicos son innegables para los Estados de la región y especialmente para el Estado que la solicitó[113].

No cabe duda, de que la obligación de los Estados que forman parte del SIDH va más allá de las obligaciones taxativamente señaladas en la CADH. Un aspecto loable, si se tiene en cuenta que es por una mayor y mejor protección de los derechos de las personas, siempre que se haga respetando el DI y los compromisos adquiridos por los Estados voluntariamente. No podemos olvidar que los Estados al ratificar la CADH asumieron el compromiso de reconocer, respetar y garantizar el libre y pleno ejercicio de los DDHH a todas las personas que se encuentran bajo su jurisdicción.

Así, lo ha venido sosteniendo la Corte Interamericana, intérprete máximo de la CADH, desde su primera sentencia, interpretando el alcance de los artículos 1 y 2 de la CADH. En el caso Velásquez Rodríguez contra Honduras, su primera sentencia, se pronunció sobre la obligación de los Estados parte de respetar los derechos recogidos en la Convención, y también sobre la compatibilidad de cualquier acto u omisión de los poderes u órganos del Estado con la CADH. Desde esta exigencia de compatibilidad para algunos autores, la Corte ha venido ejerciendo el "control concentrado de convencionalidad"[114].

Para la Corte, la primera obligación que asume el Estado conforme al art. 1 es respetar los derechos y libertades recogidos en

---

112 Un estudio completo sobre las opiniones consultivas véase en: ZELADA, C., *¿Son vinculantes las opiniones consultivas de la Corte Interamericana de Derechos Humanos? Una propuesta de reforma para un problema de antaño*, Promsex, Lima, 2020, pp. 160, pp.109-110.

113 HITTERS, C., "¿Son vinculantes los pronunciamientos de la Comisión y la Corte Interamericana de Derechos Humanos? (control de constitucionalidad y convencionalidad)", Revista Iberoamericana de Derecho Procesal Constitucional Nº 10, julio-diciembre 2008, pp.131-156, p.150.

114 MIRANDA BONILLA, H., *Diálogo Judicial Interamericano, entre constitucionalidad y convencionalidad*, Ediciones Nueva Jurídica, 2016, p.133.

la Convención y el menoscabo a estos derechos, atribuidos, según el Derecho internacional, a la acción u omisión de cualquier autoridad pública, son imputables al Estado. En este contexto, la función pública tiene unos límites que derivan de los DDHH, por cuanto éstos son atributos inherentes a la dignidad humana y, en consecuencia, superiores al poder del Estado. Así, la protección, especialmente, de los derechos civiles y políticos recogidos en la Convención "parte de la afirmación de la existencia de ciertos atributos inviolables de la persona humana que no pueden ser legítimamente menoscabados por el ejercicio del poder público. Se trata de esferas individuales que el Estado no puede vulnerar o en los que solo puede penetrar limitadamente"[115].

Para la Corte, en la protección de los DDHH está comprendida necesariamente la noción de la restricción al ejercicio del poder estatal. Así, el artículo 1 "implica el deber de los Estados de organizar todo el aparato gubernamental y, en general, todas las estructuras a través de las cuales se manifiesta el ejercicio del poder público, de manera tal que sean capaces de asegurar jurídicamente el libre y pleno ejercicio de los derechos humanos". Este deber implica la obligación de los Estados de prevenir, investigar y sancionar toda violación de los derechos recogidos en la Convención e intentar, si fuera posible el restablecimiento del derecho conculcado y, en su caso, la reparación de los daños producidos por la violación de los DDHH[116].

Esta obligación no se agota con la existencia de un orden normativo dirigido a hacer posible el cumplimiento de la obligación de garantizar el libre y pleno ejercicio de los DDHH, será necesario que la conducta gubernamental asegure la existencia de una eficaz garantía del libre y pleno ejercicio de los DDHH[117]. Esta

---

115 Corte IDH, caso Velásquez Rodríguez Vs. Honduras, sentencia de 29 de julio de 1988 (Fondo), párrs.164-165.

116 Ídem, párr.166.

117 Ídem, párr. 167.

obligación es mucho más inmediata que la que resulta del art. 2, que veremos seguidamente.

3.3. La adecuación del Derecho interno a las exigencias del Derecho Internacional (Art. 2 de la CADH): su implicancia

A lo largo de la jurisprudencia de la Corte IDH se advierte la referencia a los artículos 1 y 2 sin excepción. Referencias imprescindibles que recuerdan las obligaciones de los Estados frente a la CADH, y en general frente al SIDH. Esto implica la existencia de una amplia interpretación de estos artículos.

El artículo 1, como hemos visto previamente, se refiere a la obligación de los Estados partes de la CADH de respetar los derechos y libertades, así como garantizar su goce efectivo a todas las personas que se encuentran bajo su jurisdicción.

El artículo 2 bajo el título “Deber de adoptar disposiciones internas” se refiere al compromiso que los Estados parte, con arreglo a sus disposiciones constitucionales y de la Convención, adquieren en el momento de la ratificación de la CADH, de adoptar, si el ejercicio de los derechos y libertades mencionados en el artículo 1 no estuvieran aún garantizados por disposiciones legislativas o de otro carácter. Los Estados conforme a este artículo asumen el compromiso de adoptar las medidas legislativas o de otro carácter que fueren necesarias para hacer efectivos dichos derechos y libertades protegidos por la Convención, siempre que no estuvieran garantizados[118], pero si ya lo estuvieran, no hace falta cambio alguno. La norma consuetudinaria, en el derecho de gentes, señala que un Estado que ha celebrado un convenio

---

[118] Entre otras, Corte IDH, Caso Gangaram Panday vs Surinam, sentencia de 4 de diciembre de 1991, (Excepciones Preliminares), párr.50; Caso Villaroel Merino y otros vs. Ecuador, sentencia de 24 de agosto de 2021, (Excepciones preliminares, Fondo, Reparaciones y Costas), párr.142; Caso Cuya Lavy y otros vs. Perú, sentencia de 28 de septiembre de 2021, (Excepciones preliminares, Fondo, Reparaciones y Costas), párr. 203.

internacional, debe introducir en su derecho interno las modificaciones necesarias para asegurar la ejecución de las obligaciones asumidas[119]. Se trata de una norma universalmente válida y considerada como un principio evidente por la jurisprudencia[120].

Este artículo, así redactado, muestra que es el Estado el que tiene el deber de adoptar las disposiciones internas, a través de sus mecanismos, y en ningún caso autoriza a ninguno de los órganos de protección del SIDH hacer este trabajo por ellos. Deja expresamente señalado que, si el ejercicio de los derechos y libertades no estuviera ya garantizado, los Estados se comprometen a adoptar, con arreglo a sus procedimientos constitucionales y a las disposiciones de la Convención, las medidas legislativas o de otro carácter que sean necesarias para hacer efectivos los derechos y libertades reconocidos en la Convención.

La Corte Interamericana ha señalado que la adecuación del derecho interno no se agota con el simple reconocimiento a nivel interno, sino que las medidas adoptadas en el derecho interno deben ser efectivas (principio de *effet utile*)[121], es decir, que los Estados adopten las medidas para que se cumpla realmente en el orden jurídico interno lo establecido en la Convención. "Y esas medidas son efectivas cuando la comunidad, en general, adapta su conducta a la normativa de la Convención y, en el caso de que así no sea, cuando se aplican efectivamente las sanciones previstas en ella"[122]. La efectividad de la norma es de vital importancia en un orden jurídico porque de no serlo puede afectar su existencia

---

119 Corte IDH, Caso Garrido y Baigorria vs. Argentina, sentencia de 27 de agosto de 1998, (Reparaciones y Costas), párr.68. En igual sentido en el Caso Heliodoro Portugal vs. Panamá, sentencia de 12 de agosto de 2008, (Excepciones preliminares, Fondo, Reparaciones y Costas), párr.179.

120 Cfr. Caso Garrido y Baigorria vs. Argentina (1998), ob.cit., párr.68.

121 Corte IDH Caso Heliodoro Portugal vs. Panamá (2008), ob.cit., párr.179

122 Corte IDH Caso Garrido y Baigorria vs. Argentina (1998), ob.cit., párr. 69.

como norma jurídica[123]. Así, la ineficacia, dice Fernández Liesa, "podría llevarnos en algunos casos a ponderar su nulidad"[124].

Del artículo 2 se advierte el deber general de los Estados parte de adecuar su derecho interno a las disposiciones de la Convención para garantizar el goce efectivo de los DDHH reconocidos en ella. Las disposiciones adoptadas pueden ser tanto positivas como negativas, de acción o supresión. Así, en el caso Castillo Petruzzi, la Corte señaló que ese deber *general* de los Estados implica la adopción de medidas en dos vertientes: por un lado, la supresión de normas y prácticas de cualquier naturaleza que entrañen violación a las garantías previstas en la Convención; y por otro, la expedición de normas y el desarrollo de prácticas conducentes a la efectiva observancia de dichas garantías[125]. En el caso Heliodoro, incluyó en la primera vertiente "o que desconozcan los derechos allí reconocidos u obstaculicen su ejercicio"[126]. En este contexto, al referirse a la adopción de las medidas, señaló que la defensa u observancia de los DDHH, "debe realizarse a través de lo que se denomina 'control de convencionalidad', según el cual cada juzgador debe velar por el efecto útil de los instrumentos internacionales, a fin de que no quede mermado o anulado por la aplicación de normas o prácticas internas contrarias al objeto y fin de dichos instrumentos o del estándar internacional de protección de los DDHH"[127]. Al referirse a la adopción de las medidas del artículo

---

123 Ibídem.

124 FERNÁNDEZ LIESA, C., "Questions on theory of law in international human rights law", *The Age of Human Rights Journal,* 15 (December 2020), p.18.

125 Corte IDH, Caso Castillo Petruzzi vs. Perú, sentencia de 30 de mayo de 1999 (Fondo, Reparaciones y Costas), párr..207; En la misma línea en la Opinión Consultiva 27/21, de 5 de mayo de 2021, párr. 109, en el Caso de los buzos Miskitos (Lemoth Morris y Otros) vs. Honduras, sentencia de 31 de agosto de 2021, párr..45.

126 Cfr. Corte IDH, Heliodoro Portugal vs. Panamá (2008), ob.cit., párr. 180.

127 Corte IDH, Caso Heliodoro Portugal vs. Panamá (2008), ob.cit, párr. 180. Este criterio ha sido reiterado en diversas ocasiones, entre ellos en

2, la Corte ha reconocido que todas las autoridades de un Estado Parte en la Convención tienen la obligación de ejercer un control de convencionalidad, de modo que la interpretación y aplicación del derecho nacional vayan a la par con las obligaciones internacionales en materia de DDHH asumidos por el Estado[128].

Estos criterios se han reiterado a lo largo de la jurisprudencia de la Corte. En una de sus últimas sentencias contra Chile de 2021, vuelve a reiterar que el artículo 2 obliga a los Estados Partes a adoptar las medidas legislativas o de otra naturaleza que sean necesarias para hacer efectivos los derechos y libertades protegidos por la CADH, conforme a sus procedimientos constitucionales y al contenido de la CADH[129]. Le corresponde al Estado a través de sus órganos competentes verificar si las normas internacionales están adecuadamente incorporadas y son compatibles con ella, o en caso contrario se tienen que realizar modificaciones, cambios o invalidación a fin de hacerlas compatibles con las obligaciones asumidas al ratificar la CADH.

Es de destacar que la Corte relaciona la obligación del artículo 2 de la CADH y la figura conocida como control de convencionalidad, que analizaremos más adelante. Ambas exigen del Estado el cumplimiento de la Convención a nivel interno. Por ello, gran parte de los casos conocidos por la Corte, en los que se menciona el control de convencionalidad, incluye también al artículo 2. No

---

el Caso Federación Nacional de Trabajadores Marítimos y Portuarios (FEMAPOR) vs. Perú, sentencia de 1 de febrero de 2022 (Excepciones Preliminares, Fondo y Reparaciones), párr. 99

128 Cfr. Corte IDH, Opinión Consultiva 27/21, de 5 de mayo de 2021, párr. 109, en igual sentido en Caso de los buzos Miskitos vs. Honduras (2021), ob.cit., párr.45; Caso Portuarios (FEMAPOR) vs. Perú, sentencia de 1 de febrero de 2022 (Excepciones Preliminares, fondo y reparaciones), párr. 99, Caso Fernández Prieto y Tumbeiro vs. Argentina, sentencia de 1 de septiembre de 2020 (Fondo y Reparaciones), párr.99.

129 Corte IDH, Caso profesores de Chañaral y otras Municipalidades vs. Chile, sentencia de 10 de noviembre de 2021 (Excepciones Preliminares, Fondo, Reparaciones y Costas), párr. 185.

obstante, es de señalar que el artículo 2 vendría a ser el marco general de la obligación del Estado que asumió al ratificar la CADH y, respecto de este tratado y el control de convencionalidad, una exigencia directa del órgano judicial a los funcionarios nacionales, que va más allá del Estado y de la Convención y focaliza su atención en la obligación de los órganos del Estado en la aplicación de la CADH. Es importante recordar que cuando los Estados partes de la CADH ratificaron este instrumento, asumieron las obligaciones mencionadas, y es labor del Estado dar cumplimiento a sus compromisos adecuadamente, a través del establecimiento de sus propios mecanismos, los cuales deben ser efectivos y de buena fe. La CADH se refiere expresamente en el artículo 2 a la adecuación del derecho interno a la Convención, si aún no lo estuviera, pero como un papel atribuido al Estado e incluso eligiendo éste sus mecanismos que considere pertinentes para la adecuación. En este contexto cabe mencionar que el Estado, al haber asumido la competencia contenciosa de la Corte, está también obligado a incorporar la jurisprudencia de ésta en esa adecuación, pero reiteramos que este trabajo recae en el Estado y es su responsabilidad. Otra cosa diferente es que la Corte "ordene" a los funcionarios nacionales a realizar el control de convencionalidad directamente y no a través del Estado, que es el encargado de gestionar el cumplimiento del Derecho internacional asumido en ejercicio de su soberanía, como si de una instancia superior se tratara. Si esto resulta adecuado, ¿el papel del Estado es solo hacer seguimiento al cumplimiento por parte de sus funcionarios de las órdenes de la Corte?, ¿cuál es el marco legal interno en el que deben apoyar sus decisiones las autoridades internas? Por otro lado, si la Corte actúa como una instancia suprema o cuarta instancia, ¿además de exigir a las autoridades nacionales, también debe hacer el seguimiento del cumplimiento a cada una de esas autoridades en los Estados parte?, ¿está la Corte preparada para asumir tal responsabilidad a pesar de no ser permanente? Sin duda, es loable una iniciativa, si se trata de una mejor protección a los DDHH, pero se debería tener en cuenta el papel del Estado, el alcance de sus competencias y la realidad de cada Estado.

Es clara la intención del artículo 2, pero la interpretación de la Corte tergiversa ese contenido y como señala Dulitzky, la Convención Americana no requiere que los Estados la incorporen como derecho interno, ni que tiene que ser parte del derecho interno, ni que tiene que ser superior a todo el orden jurídico nacional y esto es lo que la Corte exige en el control de convencionalidad. Establece un orden jerárquico al interior de los propios Estados de América Latina. Hoy exige la aplicación directa de la Convención como una norma jerárquicamente superior, cuando en ocasiones anteriores no señalaba que rol cumplía la Convención hacia el interior de los países y se había referido en opiniones consultivas, que las leyes tenían que ser compatibles. "Esto no lo dice la CADH, es pura creación inventiva jurisprudencial de la Corte interamericana"[130]. Así, ciertos hechos, en ocasiones, ponen a debate la legitimidad del SIDH[131].

4. LOS PRINCIPIOS DEL DERECHO INTERNACIONAL: UNA BARRERA INFRANQUEABLE

4.1. El consentimiento en el Derecho internacional

Como hemos visto *supra,* conforme a la CV69, la fase de manifestación del consentimiento es esencial. Sin el consentimiento expreso del Estado, a través de la ratificación de un instrumento internacional de DDHH que realice voluntariamente, tanto a nivel universal como regional, no es posible la exigencia del cumplimiento de ningún tratado, incluidos los de DDHH. Tampoco se les puede exigir el cumplimiento de la jurisprudencia de los

---

130 DULITZKY, A., El control de convencionalidad, Instituto Interamericano de Derechos Humanos, https://www.youtube.com/watch?v=wcmLmF9NKOU (última vista septiembre 2022)

131 BERNAL, C., "Tres desafíos de legitimidad del Sistema Interamericano de Derechos Humanos", *Oxford University Press* ...ob.cit., p. 1215.

órganos judiciales, ni el cumplimiento de dictámenes y resoluciones de los órganos no judiciales, aunque estos hayan sido creados también por los tratados de DDHH, si los Estados no han asumido la competencia contenciosa de los mismos de manera expresa. La única excepción al consentimiento, son las normas de *ius cogens* que son *erga omnes.*

Lamentablemente a día de hoy, no todos los DDHH son *ius cogens* y, por ende, el consentimiento de los Estados frente a los tratados internacionales de DDHH y la competencia de sus órganos, sigue siendo parte de su soberanía. Aunque esto en ningún caso significa un poder absoluto del Estado respecto a los DDHH. Afortunadamente, hay un consenso en la comunidad internacional sobre la importancia del reconocimiento y respeto de estos derechos en toda sociedad democrática. Sin duda, el sistema político de un Estado marca la diferencia.

Prácticamente todos los instrumentos de DDHH, al igual que otros tratados, tienen presente el consentimiento de los Estados no solo para obligarse frente a un tratado y a sus órganos, sino también para, si lo consideran, dejar sin efecto dicha obligación. Esto a través del reconocimiento de la denuncia o el retiro del Tratado, como hemos visto previamente.

En la misma línea, otro mecanismo pensado en el Estado y que muestra la importancia del consentimiento son las reservas que han sido recogidas también en la CV69, en el artículo 2.1-d que define a la reserva como "una declaración unilateral... hecha por un Estado al firmar, ratificar, aceptar o aprobar un tratado o al adherirse él, con objeto de excluir o modificar los efectos jurídicos de ciertas disposiciones del tratado en su aplicación a ese Estado". La CADH reconoce que esta puede ser objeto de reserva solo siempre y cuando sea conforme a la CV69 mencionada. Es de señalar que éstas producirán efectos siempre y cuando hayan sido aceptadas o rechazadas por los Estados interesados. La CV69 es una norma que regula los tratados en general y no hace referencia alguna a los tratados de DDHH, que sin duda son diferentes a otros tratados por el interés que protege. Por ello, hay quien señala que la admisión de reservas en tratados de protección de DDHH es una paradoja y una contradicción[132].

Las reservas, como señala Carrillo Salcedo, son admitidas en la mayoría de los tratados de DDHH y es un claro ejemplo de la "supervivencia del relativismo y del particularismo del DI y una consecuencia más del dato básico de la soberanía y del subjetivismo de los Estados, así como del hecho de que el consentimiento de los Estados sigue teniendo una extraordinaria relevancia en la elaboración y aplicación del Derecho Internacional"[133]. En este contexto serán los tribunales creados por los tratados, en el ejercicio de sus competencias, los que aprecien la validez de las reservas planteadas y decidan si son o no conformes con el objeto y fin del tratado. Así el tema de validez y admisibilidad de las reservas a los tratados van más allá de la determinación de los Estados. Las decisiones del tribunal son obligatorias para los Estados Partes[134].

En el caso del tratado marco de DDHH en la ONU, el PIDCP no crea un tribunal, sino un Comité de Derechos Humanos, que será el encargado de la labor a la que se refiere Carrillo Salcedo. A pesar de que todos los tratados se rigen por las mismas reglas, como hemos mencionado anteriormente, los tratados de DDHH, en general, tienen un tratamiento especial y así lo ha señalado cuando tuvo ocasión de pronunciarse el CDH sobre las reservas a los tratados de DDHH, "aunque los tratados constituyen un simple intercambio de obligaciones entre los Estados que les permite reservarse *inter se* la aplicación de normas de derecho internacional general, otra cosa son los tratados de derechos humanos, cuyo objeto es beneficiar a las personas que se encuentran en su

---

132 SALADO, A., "Problemas que plantea la aplicación del régimen de Viena en materia de reservas a los tratados de Derechos humanos", en CARRILLO SALCEDO, J.A., *Soberanía de los Estados y Derechos Humanos,* Tecnos, segunda edición, 2001, p. 98.

133 CARRILLO SALCEDO, J.A., *Soberanía de los Estados y Derechos Humanos,* ob.cit., p.103.

134 Ídem, pp.103-104.

jurisdicción"[135]. Así, las disposiciones del Pacto que son de DI consuetudinario (y *a fortiori* cuando tienen el carácter de normas perentorias) no pueden ser objeto de reservas.

En esta observación el CDH deja dicho que la CV69 que regula todo sobre los tratados y las reservas, al menos en cuanto a la reserva, las disposiciones en ella recogidas relativas a la función de las objeciones de los Estados no son adecuadas para abordar el problema de las reservas a los tratados de DDHH. "Esos tratados, y concretamente el Pacto, no son una red de intercambios de obligaciones entre los Estados. Se refieren a la otorgación de derechos a las personas. No ha lugar al principio de la reciprocidad entre los Estados, salvo tal vez en el limitado contexto de las reservas formuladas a las declaraciones sobre la competencia del Comité en virtud del artículo 41. Y, dado que la aplicación de las normas clásicas sobre las reservas es tan inadecuada para el Pacto, los Estados no han considerado con frecuencia interesante o necesario desde el punto de vista jurídico oponerse a las reservas"[136].

Lo cierto es que el Derecho internacional en general está diseñado para que los Estados desde su libertad y soberanía asuman las obligaciones de manera voluntaria.

4.2. La buena fe como elemento esencial en el cumplimiento de las obligaciones y el Pacta sunt servanda

Uno de los principios básicos sobre los que se asienta el DI hoy en día es el principio de buena fe. Ha sido recogido en la Carta de

---

[135] Comité de Derechos Humanos, *Observación General Nº 24*, observación general sobre cuestiones relacionadas sobre las reservas formuladas con ocasión de la ratificación del Pacto o de sus Protocolos facultativos, o de adhesión a ellos, o en relación con las declaraciones hechas de conformidad con el artículo 41 del Pacto, 52º periodo de sesiones. U.N. Doc.HRI/GEN/1/Rev.7 at 187 (1994), párr.8

[136] Ídem, párr.17.

las Naciones de 1945 y más tarde en la Resolución 2625 de 1970, hay que decir que ninguna le otorga un contenido.

La Carta señala que "los Miembros de la Organización, a fin de asegurarse los derechos y beneficios inherentes a su condición de tales, cumplirán de buena fe las obligaciones contraídas por ellos de conformidad con esta Carta" (art.2.2). La buena fe es inherente a los Estados, "ya que, en el sentido grociano, la buena fe no solo es el principio que mantiene unidos a todos los gobiernos, sino que es la piedra angular por la cual se une la sociedad de naciones en general. Destruid esto, dice Aristóteles, y destruiréis el trato de la humanidad"[137].

Veinticinco años más tarde, en la misma línea que la Carta de la ONU, para el cumplimiento de los compromisos u obligaciones adquiridas, la Resolución 2625 recoge también este principio, y señala que "todo Estado tiene el deber de cumplir de buena fe las obligaciones contraídas en virtud de los principios y normas de Derecho internacional generalmente reconocidos". No olvidemos que esta resolución reconoce a los principios del artículo 2 de la Carta, además de otros principios, la categoría de *principios básicos del Derecho Internacional,* convirtiéndolos en parámetros de referencia que los Estados deben tener en cuenta en sus relaciones mutuas. Es un principio que desempeña un papel protagónico en las relaciones internacionales, y conforme a él, los Estados deben voluntariamente cumplir con los compromisos adquiridos a nivel internacional. "Tanto la buena fe como el principio de no invocar el derecho interno para su incumplimiento, conforme señala la Corte, pueden ser considerados como principios generales del derecho y han sido aplicados, aun tratándose de disposiciones de carácter constitucional, por la Corte Permanente de Justicia

---

137 UCARYILMAZ, T. "The principle of good faith in public international law", *Estudios de Deusto, Revista de Derecho Público,* Vol. 68, Nº 1, 2020, p. 54.

Internacional y la Corte Internacional de Justicia", reglas que más tarde han sido codificadas en los artículos 26 y 27 de la CV69[138].

Efectivamente, otro instrumento importante en las relaciones interestatales que recoge el principio de la buena fe es la CV69, que le reconoce como uno de los tres principios universalmente reconocidos, junto al libre consentimiento y la norma *pacta sunt servanda.* En este instrumento hay varias referencias a la buena fe. En la parte III referida a la observancia de los tratados, establece el principio *pacta sunt servanda* y dice "Todo tratado en vigor obliga a las partes y debe ser cumplido por ellas de buena fe" (art. 26). Del mismo modo en el artículo 31 señala que un tratado deberá interpretarse de buena fe, conforme al sentido corriente que haya de atribuirse a los términos del tratado y, en su artículo 46.2, que "una violación es manifiesta si resulta objetivamente evidente para cualquier Estado que proceda en la materia conforme a la práctica usual y de buena fe". Al referirse a las consecuencias de la nulidad de un tratado, señala que los actos ejecutados de buena fe, antes de que se haya alegado la nulidad, no son ilícitos por el solo hecho de la nulidad del tratado (art. 69.2b). Esto no se aplica cuando se trate de dolo, corrupción del representante de un Estado, coacción sobre el representante de un Estado y coacción sobre un Estado por la amenaza o el uso de la fuerza. Sin duda, la buena fe está presente en todos los actos de los Estados, ya sean obligaciones o compromisos adquiridos. El hecho de que todo tratado en vigor sea obligatorio y cumplido de buena fe implica que un Estado no puede liberarse en cualquier momento de sus obligaciones convencionales; en caso contrario las relaciones jurídicas adquirirían una total inseguridad[139]. La CV69 vincula a la buena fe a los tratados en vigor a diferencia de la Resol. 2625.

---

138 Corte IDH, Responsabilidad internacional por expedición y aplicación de leyes de la Convención (Arts.1 y 2 Convención Americana sobre Derechos Humanos), Opinión Consultiva OC-14/94, de 9 de diciembre de 1994, párr. 35.

139 AKEHURST, M., *Introducción al Derecho internacional…*, ob.cit., p. 177.

En el DI este principio tiene dos funciones. La primera se manifiesta como *pacta sunt servanda*, "los acuerdos deben ser cumplidos" como reflejo de honestidad y lealtad; y la segunda actúa como una regla de interpretación. "En ausencia de cualquier autoridad supranacional, los Estados no tienen nada en lo que confiar para el debido cumplimiento de obligaciones internacionales sino su confianza en la buena fe de las otras partes"[140]. Es un principio que se refiere a la honestidad, la lealtad y la razonabilidad y como tal garantiza la prohibición del abuso del poder y brinda soluciones equitativas en las relaciones legales entre los Estados y los actores privados[141].

Para el TIJ, la buena fe es uno de los principios fundamentales que rigen la creación y el cumplimiento de las obligaciones jurídicas, sea cual sea su fuente[142]. "La confianza recíproca es una condición inherente a la comunidad internacional, especialmente en una época en la que en muchos campos dicha cooperación es cada vez más indispensable"[143].

Visto así, la buena fe, además de ser un principio de Derecho internacional, en palabras de Novak, es el punto de partida del principio que prohíbe el abuso del Derecho; es un límite a la discrecionalidad de los Estados dice Díez de Velasco. "De ahí que opere respecto a la apreciación por los Estados del alcance de sus obligaciones, pero también en relación con los derechos de los Estados"[144]. Tal es así que la concepción subjetiva que recoge el Derecho internacional significa que es indispensable el elemento intencional para que se configure el abuso del Derecho, es decir, "para que se configure el abuso del Derecho resulta imprescindible el elemento intencional, esto es, la búsqueda de un perjuicio

---

140 UCARYILMAZ, T. "The principle of good faith..., ob.cit., p. 53.

141 Ibídem.

142 TIJ, Asunto de los ensayos nucleares (Australia c. Francia), 20 de diciembre de 1974, párr. 46.

143 Ibídem.

144 DÍEZ DE VELASCO, M., *Las Organizaciones Internacionales*, Tecnos, 15 edición, 2008, p.171.

o de un aprovechamiento (mala fe) por parte del titular en el ejercicio del derecho"[145]. La buena fe no es otra que un modelo de conducta social que exige una actuación honesta, leal, probo, correcta, exento de subterfugios y malicias, es el espíritu escrupuloso con que deben cumplirse las obligaciones y ser ejecutados los derechos[146].

4.3. Relación del Derecho internacional y el Derecho interno en materia de derechos humanos: una visión latinoamericana

Cada vez más, en un mundo globalizado, el Derecho internacional adquiere protagonismo. Su preocupación por el reconocimiento de derechos y la protección del ser humano desde mediados del siglo XX ha sido ingente, ya sea a través del DIDH, del Derecho penal internacional o del Derecho internacional humanitario. Esto pareciera ubicarle en una situación de superioridad frente al derecho interno, pero desde el punto de vista del Derecho internacional esto no es así; no existe una norma internacional que establezca esta superioridad o equipare a los tratados, ni siquiera a los de DDHH, con la norma de máximo rango de derecho interno, como es la Constitución, de manera automática.

Existen distintas teorías como la monista y la dualista que explican las relaciones entre el Derecho internacional y el derecho interno. No obstante, dependerá de cada Estado inclinarse por una u otra. Lo cierto es que, como dice Akehurst "la cuestión de las relaciones entre el Derecho internacional y el Derecho interno puede originar muchos problemas de orden práctico sobre todo si el Derecho internacional y el Derecho nacional se encuentran en contradicción"[147]. Por ello, "todos los legisladores constitucionales muestran su preocupación por regular las relaciones entre

---

145 NOVAK, F. "Los principios generales del derecho. La buena fe y el abuso del derecho", *Agenda internacional*, 1997, p. 109.

146 Ídem, pp. 109-134.

147 AKEHURTS, M., *Introducción al Derecho Internacional...*, ob.cit., p 61.

DI y el derecho interno precisando cómo se integran las normas internacionales (la recepción o inserción) y que eficacia tienen (la jerarquía)"[148]. Así, el problema principal en la aplicación de las normas definidas en el ámbito internacional consiste en su recepción en los ordenamientos internos[149]. No obstante, se debe tener en cuenta que al margen del lugar que ocupe en el Derecho interno, conforme a la Carta de la ONU y la Resolución 2625 "existen obligaciones legales de cumplir con los compromisos internacionales de parte de los Estados, independientemente de las actitudes monistas o dualistas de los sistemas jurídicos, independientemente de si reconocen una primacía y un efecto directo de las normas internacionales o si necesitan de una adaptación e incorporación de las normas internacionales en los ordenamientos legales nacionales"[150].

En esta línea, Díez de Velasco nos recuerda que la jurisprudencia internacional ha hecho referencia a la primacía del DI, que no se sustenta en la Constitución de los EEMM sino en la naturaleza y caracteres específicos del propio DI y de la Comunidad internacional. Así, todo Estado, independientemente de los preceptos constitucionales, como miembro de la Comunidad Internacional, está obligado a respetar sus compromisos internacionales. La Corte Permanente Internacional de Justicia (CPIJ) y el TIJ han mantenido de forma constante que "el Derecho interno no puede prevalecer ni sobre las obligaciones de un estado según el Derecho internacional consuetudinario ni sobre sus obligaciones según el Derecho internacional convencional"[151]. Esto ha sido corroborado por la CV69 cuando en su artículo 27 señala que no se puede

---

148 DÍEZ DE VELASCO, M., *Instituciones de Derecho internacional público*, ob.cit., p.248.

149 ODELLO, M., "La Corte Penal Internacional y las legislaciones nacionales: Relación entre Derecho Internacional y Derecho Nacionales", Foro, *Nueva época*, núm. 1/2005, pp. 295-329, p. 296.

150 Ibídem.

151 DÍEZ DE VELASCO, M., *Instituciones de Derecho internacional público*, ob.cit., p.249.

invocar como justificación del incumplimiento de un tratado las disposiciones del derecho interno[152].

La Corte interamericana va en la misma línea y reitera que, según el Derecho internacional, las obligaciones que ésta impone deben ser cumplidas de buena fe y conforme al 27 CV69, es decir, no invocar para su incumplimiento el derecho interno[153]. Así, para este órgano judicial, la obligación de cumplir con lo dispuesto en las decisiones del tribunal corresponde a un principio básico del derecho de la responsabilidad internacional del Estado, respaldado por la jurisprudencia internacional, según el cual los Estados deben cumplir sus obligaciones convencionales internacionales de buena fe (*pacta sunt servanda)* y no pueden dejar de atender la responsabilidad internacional por razones de orden interno, y, aunque un Estado no forme parte de la CV69, la obligación internacional del *pacta sunt servanda* es de obligatorio cumplimiento, por ser una norma de derecho consuetudinario[154].

Así, en el caso Aptiz dijo la Corte que una decisión por más que haya sido expedida por un tribunal de la más alta jerarquía en el ordenamiento jurídico nacional, no se puede oponer como justificación de su incumplimiento, ni un tribunal interno puede señalar que el fallo de la Corte Interamericana es inejecutable; ello implica el desconocimiento de los principios básicos de Derecho

---

152 Se trata de una regla cuyos orígenes se remontan a muchos años atrás. El TPJI en el caso de las *Zonas francas*, declaró: "resulta claro que Francia no puede prevalerse de su legislación para limitar el alcance de sus obligaciones internacionales, TPJI, Zonas francas de la Alta Saboya y del País de Gex (Francia/Suiza), sentencia de 7 de junio de 1932, serie A/B, núm.46, p.167.

153 Corte IDH, Corte IDH, Caso Almonacid Arellano y otros vs. Chile, sentencia de 26 de septiembre de 2006 (Excepciones preliminares, Fondo, Reparaciones y Costas), párr. 125.

154 Resolución de la Corte Interamericana de Derechos Humanos de 4 de mayo de 2004, medidas provisionales respecto de Venezuela (Casos: Liliana Ortega y otras; Luisiana Ríos y otros; Luis Uzcátegui; Marta Colomina y Liliana Velásquez), considerando 7, y Resolución de la Corte IDH, caso Gelman (2013), ob.cit., párr. 59.

internacional sobre los cuales se fundamenta la implementación de la Convención Americana. Este incumplimiento, dice la Corte, impide el efecto útil de la CADH y su aplicación en el caso concreto realizado por su intérprete último, asimismo "desconoce el principio de cosa juzgada internacional sobre una materia que ya ha sido decidida, y deja sin efecto y hace ilusorio el derecho al acceso a la justicia interamericana de las víctimas de violaciones de derechos humanos, lo cual perpetúa en el tiempo las violaciones de derechos humanos que fueron constatadas en la Sentencia. Por tanto, conforme al Derecho Internacional que ha sido democrática y soberanamente aceptado por el Estado venezolano es inaceptable que una vez que la Corte Interamericana haya emitido una Sentencia, el derecho interno o sus autoridades pretendan dejarla sin efecto"[155]. Lo cierto es que, para la Corte sus sentencias son vinculantes y producen efecto de cosa juzgada, y por ende su incumplimiento genera responsabilidad internacional.

Al margen de la obligación internacional de los Estados, hay que tener en cuenta que los Estados son entes soberanos y como tal deciden el lugar que debe ocupar el Derecho internacional en su legislación interna, incluido el DIDH. Un Estado comprometido con los DDHH y que quiera garantizar el ejercicio efectivo de los DDHH a todas las personas que se encuentren bajo su jurisdicción, puede otorgarle rango constitucional, si así lo desea, o ubicarle en un rango inferior. Así, dependerá de la voluntad de los Estados, primero su incorporación automática o no, una vez ratificado, en el Derecho interno, y segundo, el lugar que ocupará. El Estado tiene los mecanismos establecidos para la incorporación de tratados en su derecho interno y es su potestad elegir la forma de incorporarlo y el tiempo para ello. Así, la incorporación de un

---

155 Resolución de la Corte IDH, Caso Apitz Barbera y Otros ("Corte primera de lo contencioso administrativo") vs. Venezuela, supervisión de cumplimiento de sentencia, 23 de noviembre de 2012, párr.39. En igual sentido en la Resolución de la Corte Interamericana de Derechos Humanos, de 20 de marzo de 2013, caso Gelman vs. Uruguay, supervisión de cumplimiento de sentencia, párr. 90.

tratado en el derecho interno dependerá del Estado, y según lo considere modificará sus normas para garantizar una efectiva aplicación, y establecerá y ordenará a los órganos judiciales u otros órganos su aplicación. Si bien, la elección del camino a seguir para dar cumplimiento a las obligaciones internacionales es una potestad del Estado, el tiempo que debe transcurrir para dicha adecuación debe ser el mínimo, a efectos de ofrecer una mejor protección a las personas que se encuentran bajo su jurisdicción. Aquí entran en juego los principios de la buena fe y *pacta sunt servanda.*

Como ya hemos mencionado las obligaciones frente a tratados de DDHH son diferentes a las obligaciones frente a los otros tratados. Las reservas funcionan también de manera diferente. Además, debemos señalar que los DDHH recogidos en los tratados también reciben tratamiento diferente. Hay un grupo de estos derechos cuyo ejercicio no es susceptible de suspensión ni derogación bajo ninguna circunstancia, entendiéndose que el ejercicio del resto de derechos si son susceptibles de suspensión en determinadas circunstancias, como se ha visto durante la pandemia de COVID 19. Los no susceptibles de derogación o suspensión forman parte del núcleo duro de los DDHH y están vinculados con las normas de ius cogens[156]. Así, la Corte interamericana ha vinculado el acceso a la justicia con el *ius cogens*[157]. Es de destacar el pronunciamiento de órganos internacionales y regionales sobre el lugar que deben ocupar los DDHH y los tratados que los recogen. Así lo entienden también gran parte de los Estados de la región americana, y por ello les otorgan a los tratados de DDHH rango constitucional y esto les obliga a los tribunales nacionales a garantizar los DDHH recogidos en los tratados, como si de normas internas se tratara, lo que implica que los tribunales internos

---

156 Cfr. QUISPE REMÓN, F., *El debido proceso en el Derecho Internacional y en el Sistema Interamericano,* Tirant Lo Blanch, 2010, pp.650.

157 Cfr. Corte IDH, Condición jurídica y derechos de los migrantes indocumentados, Opinión Consultiva OC-18/03, de 17 de septiembre de 2003.

se convierten en tribunales de DDHH a nivel interno, creando una retroalimentación virtuosa entre los DDHH y derecho constitucional[158]. Al fin y al cabo, constitucionalizar los DDHH implica ofrecer mayor protección y seguridad a las personas "y, además hacer realidad los principios y valores de éstos"[159].

La Constitución argentina a través de su artículo 72.22 le confiere rango constitucional a los tratados de DDHH y las declaraciones; la Constitución colombiana en su artículo 93 establece que los tratados y convenciones que reconocen DDHH prevalecen en el orden interno; la Constitución de México señala en el art. 1 que todas las personas gozarán de los DDHH reconocidos en la Constitución y en los tratados en los que México es parte y en su artículo 133 ubica a los tratados como ley suprema de toda la Unión; la Constitución peruana reconoce que las normas relativas a los derechos y libertades reconocidas en ella se interpretarán conforme a la DUDH y a los tratados y acuerdos internacionales sobre las mismas materias ratificados por Perú (Disposiciones finales y transitorias -cuarta-interpretación de los DDFF) y en el art. 51 hace referencia a la supremacía de la Constitución y en el art. 55, establece que los tratados forman parte del derecho nacional; la Constitución boliviana, en el artículo 13 señala que los tratados de derechos humanos prevalecen en el orden interno[160]. Hay un proceso evolutivo de recepción nacional del DIDH en las reformas legislativas trascendentales de los Estados incorporando diversas clausulas constitucionales para

---

158 REA GRANADOS, S., "El reconocimiento constitucional de los Derechos Humanos en Latinoamérica", *Revista de Derechos Fundamentales*, Universidad Viña del Mar Nº 11 (2014), pp.93-124, p.102.

159 Ídem, p.120.

160 Un amplio estudio sobre el tema puede verse en: FIX ZAMUDIO, H., "La creciente internacionalización de las Constituciones Iberoamericanas, especialmente en la regulación y protección de los derechos humanos", en Catedra Nacional de derecho Jorge Arpizo, Reflexiones constitucionales, VÁSQUEZ RAMOS, H. Coordinador. Universidad Nacional Autónoma de México, 2014, pp.239-344 y en MIRANDA BONILLA, H., *diálogo Judicial Interamericano*...ob.cit., pp. 253-324

recibir el influjo del Derecho internacional. Así sucede con el reconocimiento de la jerarquía constitucional de los tratados internacionales de DDHH o incluso aceptando su carácter supraconstitucional cuando resulten más favorables[161]. Este avance en el reconocimiento del DIDH es un gran logro en la protección de los DDHH de todas las personas que se encuentran bajo la jurisdicción de estos Estados.

Así, como señala García Ramírez, en los últimos treinta años la gran reforma constitucional en América Latina ha sido orientada a exaltar al ser humano, a crear medidas de protección para la persona, jurisdicciones competentes para las medidas de protección. Esto se ha realizado de formas diversas y con diferentes medios. Destaca la reforma constitucional argentina de 1994, que zanjó el dilema o la antinomia entre el Derecho internacional y constitucional, elevando a rango constitucional no solo los tratados, sino también las declaraciones de DDHH. "Ha operado de manera eficaz y se ha proyectado sobre todo el aparato jurídico argentino". Señala que esta es una forma, pero no la única, en la gran reforma del derecho constitucional en América Latina. Lo cierto es que se pone el acento en el principio *pro homini*[162]. Este principio está orientado a proteger de la mejor forma posible los derechos de las personas, así, "por regla general, los operadores jurídicos deben elegir la norma nacional o convencional que resulte más favorable a los derechos humanos en caso de conflicto"[163]. El objetivo de este principio siempre será la aplicación de la norma

---

161 Voto Razonado del Juez Ad Hoc Eduardo Ferrer Mac-Gregor Poisot en el Caso Cabrera García y Montiel Flores vs. México, Sentencia de 26 de noviembre de 2010 (Excepciones preliminares, Fondo, Reparaciones y Costas), párr. 26.

162 GARCÍA RAMÍREZ, S., conferencia "El control de convencionalidad: Balance y retos en el Derecho mexicano", 11 de marzo del 2021, organizado por el Tribunal Electoral del Poder Judicial de la Federación. Disponible en: https://www.youtube.com/watch?v=HwBtKonUnTU

163 SILVA GARCÍA, F., "Control de convencionalidad en México: transformaciones y desafíos", *Boletín mexicano de Derecho Comparado*, Nueva Serie XLX, núm. Extraordinario 2019, pp. 97-127, p.122 https://

nacional o internacional que sea mejor para proteger los DDHH. Así, la Corte, teniendo en cuenta el contenido del artículo 29 de la CADH, que indica que ninguna disposición puede interpretarse limitando el goce y ejercicio de cualquier derecho o libertad, señaló que ante la existencia de la CADH y otro tratado internacional, que resulten ambos aplicables, a una misma situación, "debe prevalecer la norma más favorable a la persona humana"[164].

A ello se suma que los órganos judiciales de máximo rango, cada vez más, acuden, conscientes de la importancia de reconocer y proteger los DDHH, a la jurisprudencia e incorporan sus interpretaciones en sus resoluciones nacionales. Así, en palabras de Mac-Gregor, las jurisdicciones domésticas, especialmente las altas jurisdicciones constitucionales, juegan un papel importante en la incorporación de interpretaciones que favorecen y posibilitan la recepción de los DDHH recogidos en los tratados internacionales. De esta forma, dice este juez, "se forma un auténtico 'bloque de constitucionalidad', que si bien varía de país a país, la tendencia es considerar dentro del mismo no solo a los DDHH recogidos en los tratados, sino también a la propia jurisprudencia de la Corte IDH. Así, en algunas ocasiones el 'bloque de convencionalidad' queda subsumido en el "bloque de constitucionalidad", por lo que al realizar el 'control de constitucionalidad' también se efectúa el 'control de convencionalidad'"[165]. Sin duda, la incorporación de los DDHH recogidos en los tratados, ratificados por los Estados, debe estar incorporado en su derecho interno como parte de su obligación internacional, lo cual no significa la desaparición ni del Derecho nacional ni del internacional; ninguno subsume al otro. Son derechos diferentes; el nacional encargado de proteger

---

revistas.juridicas.unam.mx/index.php/derecho-comparado/article/view/13260/14731

164 Corte IDH, La colegiación obligatoria de periodistas (Arts. 13 y 29 de la Convención Americana sobre Derechos Humanos). Opinión Consultiva OC-5/85, de 13 de noviembre de 1985, párr.52.

165 Voto Razonado del Juez Ad Hoc Eduardo Ferrer Mac-Gregor Poisot en el caso Cabrera García y Montiel Flores (2010), ob.cit., párr. 26.

el cumplimiento de los DDHH y el internacional de garantizar de modo complementario si el nacional no lo protege. No resulta compatible el respeto de la complementariedad o subsidiariedad con la absorción. El Derecho constitucional no es lo mismo que el Derecho internacional.

Sin duda, el reconocimiento y la garantía de los DDHH, cada vez mayor, por parte de los Estados y sus tribunales de la región, constituyen un gran logro y se espera que esta sea la tendencia en el futuro. En la región americana, lamentablemente, no podemos hablar de un sistema consolidado ya que no todos los Estados de la OEA forman parte del SIDH a diferencia de lo que sí sucede en el ámbito europeo de protección de los DDHH. Muchos atribuyen el compromiso de los Estados frente al Sistema Europeo de Derechos Humanos, entre otros, al margen de apreciación[166] que deja el TEDH a los Estados en determinados aspectos, de cierta sensibilidad[167].

No se puede perder de vista la importancia del Estado en la protección y garantía de los DDHH y que, a día de hoy, son ellos los que voluntaria y discrecionalmente asumen la responsabilidad de asegurar el goce efectivo de los DDHH, incorporados en su Derecho interno. Se deja en manos del Estado elegir la vía para dar cumplimiento a sus obligaciones. Este hecho plantea dos problemas: primero, que el Estado "se olvide" de establecer los mecanismos para garantizar los DDHH en su territorio, y segundo, no

---

166 Véase, entre otros: BRAUCH, J., "The Margin of Appreciation and the Jurisprudence of the European Court of Human Rights: Treat to the Rule of Law". Columbia Journal of European Law, 2005, vol.11, pp. 113-150; GREER, S., "The Margin of Appreciation: interpretation and discretion under the European Convention on Human Rights, Reader in Law", University of Bristol, United Kingdom, Human Right Files Nº 17 2000, Council of Europe Publishing, pp. 60. https://www.coe.int/t/dghl/cooperation/lisbonnetwork/Themis/ECHR/Paper2_en.asp, .

167 A modo de ejemplo, véase: Caso Chapin et. Charpentier vs. Francia (2016), párr.48, Caso Lautsi y otros vs. Italia (2011), párr., 68, caso Shalk y Kopf vs. Austria (2010), párr.53.

establezca los mecanismos adecuados para garantizarlos de manera efectiva. Son muchos los casos, en que los Estados ratifican tratados de DDHH, los incorporan en su Derecho interno, pero no garantizan su efectividad. Un derecho reconocido a nivel interno que no sea efectivo no sirve de mucho. En ningún caso, el reconocimiento o incorporación en el Derecho interno de DDHH significa automáticamente efectiva protección de los mismos. Para que sean efectivos, además de normas, se requiere convicción, compromiso y voluntad política principalmente, y también capacidad económica respecto a los DESC, especialmente, como hemos venido señalando a lo largo del trabajo.

Si decimos que el Derecho interno es autónomo y decide incorporar el Derecho internacional en su legislación interna, estamos aceptando que éste sujeto de Derecho internacional, de buena fe, debe dar cumplimiento a sus obligaciones internacionales en materia de DDHH, asumidas de manera discrecional. Es cierto que un Estado que ratifica un tratado de DDHH, como la Convención Americana, y asume la competencia contenciosa, o no, del órgano creado por el tratado, como sería el caso de la Corte Interamericana, está en la obligación de dar pleno cumplimiento a la Convención Americana en su integridad y a las decisiones de la Corte, sin justificación, menos basada en la soberanía porque como bien ha señalado la Corte en el caso Petruzzi, tanto Perú como otros Estados han aceptado ésta justamente en el ejercicio de su soberanía[168]. Lo que le queda al Estado es cumplir con la obligación adquirida buscando los mecanismos necesarios para ello; otra cosa es que se le exija el cumplimiento de determinadas obligaciones, sin que las haya asumido voluntariamente y a través de la ratificación de un tratado. El camino lo traza el Estado y será el encargado de señalar quiénes deben ser los encargados de dar cumplimiento a esa obligación en el ámbito interno. El cumplimiento de sus obligaciones está en sus manos. En este contexto cabe preguntarse ¿hasta dónde la Corte Interamericana puede

---

168 Corte IDH, Caso Castilla Petruzzi vs. Perú, Sentencia de 4 de septiembre de 1998 (Excepciones Preliminares), párr. 101.

penetrar en el Estado para exigir el cumplimiento de la Convención y sus decisiones a ciertos órganos internos? y ¿tienen los órganos del Estado la obligación de cumplir una orden directa de la Corte?, ¿cuál es la base jurídica para esa exigencia?

Como vimos *supra*, del artículo 2 de la Convención no se advierte una autorización al órgano judicial, máximo interprete y vigilante de la Convención Americana, para pronunciarse en otro sentido. La Corte forma parte del Derecho internacional y como tal tiene su papel claramente establecido, y los jueces nacionales forman parte del Derecho interno y como tal se deben a las normas internas. Es cuestión diferente que la CADH haya sido incorporada en su integridad en el Derecho interno por el Estado y éste obligue a sus autoridades a aplicarlas como si de Derecho interno se tratara, habiendo establecido los cauces necesarios previamente para ello.

En todo este proceso, no se debe perder de vista que el fin último es la adecuada protección del ser humano, ya sea desde el Derecho interno e internacional, y para ello es importante la existencia de una relación entre ambos y que ésta sea cordial y de respeto. Justamente, teniendo en cuenta que no siempre la relación ha sido fácil entre el Derecho internacional y nacional, García Ramírez considera importante para una mejor protección de estos derechos, la construcción de puentes del DIDH hacia el Derecho interno. Estos puentes, dice este autor, deben servir para que todo el bagaje, el cúmulo de tutelas y protecciones del Derecho internacional se lleven de manera adecuada, fluida sin grandes convulsiones ni conflictos, al Derecho nacional. Establece cuatro puentes que sirven para dicho tránsito: el puente constitucional, el puente político, el puente cultural y el puente jurisdiccional. En el puente *constitucional* focaliza su atención en el reconocimiento por las constituciones del DIDH y el valor que éstas deben otorgar a los tratados de DDHH, pero al no ser suficiente el reconocimiento, es necesaria la adopción de leyes para facilitar el tránsito, al que denomina puente legal (conjunto de la legislación secundaria. Con el puente *político* se refiere a las vías en el que se insertan programas de DDHH de carácter internacional en políticas públicas que no son ni constitución ni leyes secundarias. Considera necesario el *puente cultural*, por cuanto se necesita tener una cultura de los DDHH a nivel de sociedad para favorecer los demás puentes. Para García Ramírez, con razón, si no tenemos cultura de DDHH, si no profesamos ese respeto casi reverencial y somos garantía de nuestra conducta en la positividad de los DDHH, todo lo demás se desvanece y puede ser inoperante; y respecto al *puente jurisdiccional*, señala que la jurisdicción, los juzgadores, los tribunales también deben tender un puente para que el DI llegue/acceda al ámbito nacional. En este puente, aunque no es el único, circula el control de convencionalidad[169].

Lo cierto es que resulta indispensable para una adecuada protección de los DDHH la recepción y adecuada interpretación nacional del DIDH. Se debe alentar la conexión expresa y suficiente entre el orden interno y el orden internacional, siempre teniendo en cuenta la Constitución y los Tratados de DDHH. Para García Ramírez es importante la existencia de una conexión clara y rotunda donde los instrumentos internacionales son inmediatamente aplicables en el ámbito interno, lo que hace que los tribunales nacionales pueden y deben llevar a cabo su propio "control de convencionalidad[170]. En este contexto, la Corte también ha destacado la importancia de la realización del control de convencionalidad en el ámbito interno a fin de evitar que los Estados incurran en responsabilidad internacional.

Siguiendo a García Ramírez, podemos decir que, sin duda, resulta relevante la relación existente en entre el DIDH y el Derecho interno para una adecuada protección de los DDHH, pero esto no significa que los instrumentos internacionales sean inmediatamente aplicables en el ámbito interno. Los Estados tendrán

---

169 GARCÍA RAMÍREZ, Sergio, conferencia "El control de convencionalidad: Balance y retos en el Derecho mexicano", 11 de marzo del 2021, organizado por el Tribunal Electoral del Poder Judicial de la Federación. Disponible en: https://www.youtube.com/watch?v=HwBtKonUnTU

170 Corte IDH, Caso Trabajadores Cesados del Congreso (2006) ob.cit., voto razonado de Sergio García Ramírez, párr.11

que tener en cuenta el puente constitucional y otorgarles a los tratados de DDHH jerarquía constitucional, y los tribunales nacionales ejercer el control constitucional y no convencional, en el entendido de que los DDHH reconocidos en la Convención están garantizados en el Derecho interno a través de la Constitución. No debemos olvidar que el papel internacional es complementario.

No obstante, a la incorporación de los tratados de DDHH con rango constitucional en diversos países de la región, la relación entre el Derecho interno e internacional, es decir, entre el derecho constitucional y el Derecho internacional, no ha sido fácil y no es fácil, más aún en los últimos tiempos, como consecuencia de la aparición del control de convencionalidad. Hay quien señala que esta interacción ha provocado una especie de tsunami jurídico que está cambiando la forma en que jueces y juezas nacionales interpretan y aplican el derecho vigente, el cual ya no se limita a las normas constitucionales y secundarias, sino que se extiende a las normas internacionales de derechos humanos asumidas por los Estados de la región"[171]. La doctrina del control de convencionalidad desarrollada por la Corte interamericana no ha pasado desapercibida en el mundo. A modo de ejemplo podemos señalar la sentencia del Tribunal Constitucional español que en 2018 se refirió a esta figura, reconociendo que la noción surge formalmente en la jurisprudencia de la Corte interamericana y que el texto constitucional español no contiene ninguna previsión a la exigencia de que los jueces ordinarios ni el Tribunal Constitucional formulen el control de convencionalidad. En este contexto luego de un estudio llega a la conclusión de que "el marco jurídico constitucional existente erige, pues, al control de convencionalidad en el sistema español en una mera regla de selección de de-

[171] MEJÍA A., R, BECERRA, R., FLORES, R., (Coords) *El control de convencionalidad en México, Centroamérica y Panamá,* editorial Cas San Ignacio y editorial Guaymuras, Tegucigalpa, 2016, pp. 255, p.11.

recho aplicable, que corresponde realizar, en cada caso concreto, a los jueces y magistrados de la jurisdicción ordinaria"[172].

4.4. Principio de complementariedad y/o subsidiaridad del derecho internacional

Llegado a este punto, no podemos dejar de mencionar una de las características más importantes del DIDH, su carácter subsidiario y complementario al Derecho interno; esto implica que en primer orden el encargado de reconocer, proteger y garantizar el goce efectivo de los DDHH a nivel interno son los Estados[173]. Pero esta labor debe realizarla teniendo en cuenta las obligaciones internacionales asumidas en esta materia que implican, entre otras, adecuar su derecho interno a la Convención, si aún los derechos recogidos en ella no están garantizados a nivel interno, y tener en cuenta también la interpretación que de ella realiza la Corte Interamericana en sus diversas sentencias, a fin de garantizar efectivamente los derechos humanos, si el Estado ha asumido la competencia contenciosa de la Corte. En este contexto, los órganos judiciales internacionales siempre tendrán carácter complementario y/o subsidiario al Derecho interno y actuarán solo ante la ausencia de protección de los DDHH por parte de los Estados o ante una protección ineficaz de los mismos de todas aquellas personas que están bajo su jurisdicción. Por ello, las decisiones internacionales existentes contra un Estado constituyen un termómetro de medir el cumplimiento de sus obligaciones internacionales. Por supuesto, me estoy refiriendo

---

172 STC 140/2018 de 20 de diciembre, FJ 6.

173 Los distintos instrumentos internacionales de protección de la persona, se refieren al carácter subsidiario, complementario o coadyuvante de los órganos internacionales respecto del Estado. Según la RAE subsidiario Del latín *subsidiarius* "Dicho de una acción o de una responsabilidad: Que suple a otra principal". Complementario, de complemento "que sirve para completar o perfeccionar algo". Coadyuvar es contribuir, colaborar.

a aquellos Estados que forman parte, voluntariamente, de los sistemas de protección de los DDHH, tanto universal como regional; los Estados que no forman parte del sistema internacional de los DDHH, se mantienen al margen de la medición del termómetro. Esto no significa que no violen DDHH, sino que voluntariamente deciden estar al margen de las normas internacionales y no "autorizan" a que ningún órgano internacional se pronuncie sobre ellos.

El principio de complementariedad es un principio que reconoce la primacía del derecho nacional en la protección de los DDHH y, por ende, un legítimo y amplio margen de libertad a los Estados para definir su regulación y sus mecanismos de protección a nivel interno[174]. De la misma forma "reconoce que las instituciones tienen la función primordial de servir como una instancia que guía la acción de los Estados, pero nunca reemplazarlos como principales -y primeros- garantes de los derechos humanos"[175]. Sin duda, una buena y coordinada relación entre ambos, será beneficiosa para una mayor y mejor protección de los DDHH en el ámbito interno, reconociendo que éste último es el encargado de garantizar el goce efectivo de los mismos, y como dice García Ramírez, "la gran batalla por los derechos humanos se ganará en el ámbito interno, del que es coadyuvante o complemento, pero no sustituto, el internacional"[176].

La Convención Americana deja claramente establecido en su Preámbulo el carácter coadyuvante o complementario del Derecho internacional en la protección de los DDHH, reconociendo el papel del Estado en primer orden en la protección de los derechos de las personas que se encuentran bajo su jurisdicción.

---

174 GONZÁLEZ DOMÍNGUEZ, P., "Reconfiguración de la relación entre el derecho internacional de los derechos humanos y el derecho nacional sobre la base del principio de subsidiariedad", *Anuario Mexicano de Derecho Internacional*, vol.17., 2017, pp.717-748, p. 742.

175 Ídem, pp. 742-743.

176 Corte IDH, Caso Trabajadores Cesados del Congreso (2006) ..., ob.cit., voto razonado del Juez Sergio García Ramírez, párr.11

Justamente en aras de reconocer y proteger esa potestad al Estado, en el artículo 46.1.a se exige el agotamiento de los recursos internos, salvo excepciones establecidas en el propio artículo 46.2 y las dos excepciones reconocidas en la jurisprudencia, dándole de esta forma la oportunidad al Estado, incluso una vez incurrido en la violación, de reparar dichas violaciones a través de su Derecho interno. En este contexto, Pérez Tremps, destacaba la importancia de fomentar que las autoridades judiciales nacionales se enfrenten con la violación de derechos y hagan lo posible para repararla. "Existe en la garantía internacional un interés general, además del meramente subjetivo: instar la eficacia del sistema nacional. No es bueno que la protección internacional actúe como sustitutivo de la interna; su función es completar ésta y fomentar su mayor eficacia"[177]. Tampoco debe actuar como si se tratara de un único ordenamiento, el interno y el internacional.

A lo largo de la jurisprudencia de la Corte, incluida su primera sentencia, se advierte una clara postura de su papel subsidiario, complementario y coadyuvante, en la protección de los DDHH de las personas que se encuentran bajo la jurisdicción de un Estado, por cuanto son éstos los principales garantes de los DDHH de la persona, y por ello, el deber de asegurar la implementación de la Convención a nivel nacional está en manos de los tribunales y los órganos estatales[178]. Este órgano judicial

---

177 PÉREZ TREMPS, P. "Las garantías constitucionales y la jurisdicción internacional en la protección de los derechos fundamentales", *Anuario de la Facultad de Derecho*. Universidad de Extremadura N° 10, 1992, pp. 73-86, p.81.

178 Cfr. Corte IDH, entre otros, Caso Acevedo Jaramillo vs. Perú, sentencia del 24 de noviembre del 2006 (Interpretación de la sentencia de Excepciones Preliminares, Fondo, Reparaciones y Costas), párr. 66; Caso Zambrano Vélez y otros vs. Ecuador, sentencia de 4 de julio de 2007 (Fondo, Reparaciones y Costas), párr. 47; Caso Perozo y otros vs. Venezuela, sentencia de 28 de enero de 2009 (Excepciones preliminares, Fondo, Reparaciones y Costas), párr. 64; Caso Cabrera García y Montiel Flores vs. México, sentencia de 26 de noviembre de 2010 (Excepción Preliminar, Fondo, Reparaciones y Costas), párr.

ha señalado taxativamente, desde el caso Cabrera García, que no desempeña funciones de tribunal de "cuarta instancia"[179], aunque de la aplicación del control de convencionalidad pareciera que sí. Para la Corte, los jueces y los órganos judiciales internos son los encargados de prevenir potenciales violaciones a los DDHH reconocidos en la CADH o resolver a nivel interno cuando ya hayan ocurrido, teniendo en cuenta su jurisprudencia. Solo, si estos derechos no son protegidos a nivel interno, la Corte ejercerá un control complementario de convencionalidad. "En este sentido un adecuado control de convencionalidad a nivel interno fortalece la complementariedad del Sistema Interamericano y la eficacia de la Convención Americana al garantizar que las autoridades nacionales actúen como garantes de los derechos humanos de fuente internacional"[180]. Deja claro que, en su papel complementario, "ejercerá un control complementario de convencionalidad"; se entiende que, como garante de la Convención, actuará si el Estado no protege adecuadamente los derechos reconocidos en esta, a nivel interno, conforme lo establece la Convención Americana. Sin duda, son las autoridades nacionales los garantes de los DDHH en primer término.

Así, a lo largo de la jurisprudencia de la Corte, encontramos el reconocimiento y respeto de este principio, y en los últimos años, la afirmación de que el control de convencionalidad está íntimamente relacionado con este principio de complementariedad, en virtud del cual la responsabilidad estatal bajo la Convención solo puede ser exigida a nivel internacional después de que el Estado haya tenido la oportunidad de declarar la violación y reparar el

---

16; Opinión Consultiva OC-6/86 de 9 de mayo de 1986, párr. 26; Opinión Consultiva OC-2/82 de 24 de 24 de septiembre de 1982, párr.31; Caso Velásquez Rodríguez vs. Honduras, sentencia de 29 de julio de 1988 (Fondo), párr. 61.

179 Corte IDH, Caso Atala Rifo y Niñas vs. Chile, sentencia de 24 de febrero de 2012 (Fondo Reparaciones y Costas), párr.65.

180 Corte IDH, Caso Urrutia Laubreaux vs. Chile, sentencia de 27 de agosto de 2020 (Excepciones Preliminares, Fondo, Reparaciones y Costas), párr.93

daño ocasionado por sus propios medios. "Este principio de complementariedad (también llamado "de subsidiariedad") informa transversalmente el Sistema Interamericano de Derechos Humanos, el cual es, tal como expresa el Preámbulo de la Convención Americana, «coadyuvante o complementario de la protección que ofrece el derecho interno de los Estados americanos"[181].

No se debe perder de vista, que son los Estados los encargados de garantizar el ejercicio de los derechos humanos a nivel interno y los encargados de dar cumplimiento a los fallos de la Corte interamericana, garantizando el derecho violado y reparando las consecuencias de las mismas, adoptando las medidas necesarias para ello, según su derecho interno y conforme a las obligaciones adquiridas voluntariamente al ratificar la Convención americana y al asumir la competencia de la Corte interamericana. Así, el objetivo del principio de complementariedad es reconocer al Estado su papel de garante de los DDHH y otorgarle la oportunidad de proteger y reparar, si se han violado estos derechos, a nivel interno, antes de que se active el mecanismo internacional. Y teniendo en cuenta que el derecho en general es dinámico al igual que el DIDH, la labor del Estado es recoger en su derecho interno el desarrollo a nivel internacional, a fin de otorgar una mayor y mejor protección a las personas y garantizar que sus autoridades, especialmente judiciales, estén altamente cualificadas en la materia. Para ello, es necesaria, y sería lo ideal, la existencia de una relación fluida entre el Derecho internacional y nacional, entendiendo que son distintos sistemas y que cada uno tiene un papel determinado en la protección del ser humano. Una relación estrecha desde el respeto contribuiría en una mejor y mayor protección de los DDHH.

---

[181] Corte IDH, Resolución de supervisión, caso Gelman (2013), ob.cit. párr. 70

PARTE II

ORIGEN Y EVOLUCIÓN DEL CONTROL DE CONVENCIONALIDAD EN EL SISTEMA INTERAMERICANO DE DERECHOS HUMANOS

1. ANTECEDENTES DEL CONTROL DE CONVENCIONALIDAD EN LA JURISPRUDENCIA DE LA CORTE INTERAMERICANA

1.1. Del Control de Constitucionalidad al Control de Convencionalidad en el Sistema Interamericano de Derechos Humanos de la mano del ex Juez Sergio García Ramírez

1.1.1. El caso Myrna Mack Chang

El control de convencionalidad es una figura que hoy forma parte del Sistema Interamericano de Derechos Humanos. Su introducción en el sistema ha sido a través de la Corte Interamericana de Derechos Humanos en el caso Almonacid Arellano contra Chile en el 2006. No obstante, es de señalar que, por vez primera en la historia de la jurisprudencia de la Corte Interamericana, encontramos la expresión "control de convencionalidad" de la mano del ex Juez de la Corte Interamericana Sergio García Ramírez, a través de su voto concurrente, en el caso Myrna Mack Chang vs. Guatemala 2003[182].

Pero es de señalar, a modo de información, que en el 2001 el Juez García Ramírez, como él mismo indica, había pensado en la necesidad de ajustar o añadir al control de constitucionalidad, el *control de internacionalidad*, a fin de valorar los actos nacionales a la luz de actos internacionales. Un control de juridicidad, pero luego de una reflexión consideró "que hablar de control de internacionalidad no era muy airoso desde el punto de vista idiomático y

---

182 Los primeros antecedentes del control de convencionalidad pueden rastrearse en Europa, no en la jurisprudencia de los tribunales internacionales sino de los nacionales (el caso del Derecho francés, holandés e italiano). Cfr. PEROTTI PINCIROLI, Ignacio, "El control de convencionalidad en el Derecho español: ¿una importación defectuosa?, *Revista Electrónica de Estudios Internacionales,* núm. 41, junio, 2021, p.3.

que sería mejor hablar directamente de control de convencionalidad porque no se trata de ajustarse a lo internacional vagamente, sino a la convención, al tratado internacional"[183]. Aquí encontramos el origen de la frase "control de convencionalidad".

Así, cuando en el 2003 introduce la figura en su voto concurrente, razona sobre la obligación del Estado frente al Derecho internacional, es decir, sobre la obligación que asume al decidir voluntariamente ser parte de un tratado internacional y las implicancias de ello. Señala, con razón, que el Estado al decidir ser parte de un tratado y firmarlo, como es el caso de la Convención Americana de Derechos Humanos, asume de manera voluntaria y en nombre de su soberanía obligaciones internacionales, y, por ende, la responsabilidad del Estado y las atribuciones resolutivas de un tribunal son inatacables y deben ser cumplidas por éste, en mérito de sus compromisos convencionales[184]. No cabe duda de que un Estado que ratifica un instrumento internacional y asume la competencia del órgano encargado de interpretar el mismo, está en la obligación de dar pleno cumplimiento a las obligaciones adquiridas respecto del tratado, a través de los medios que sean necesarios.

Por ello, en palabras de este juez "para los efectos de la Convención Americana y del ejercicio de la jurisdicción contenciosa de la Corte Interamericana, el Estado viene a cuentas en forma integral, como un todo. En este orden, la responsabilidad es glo-

---

183 GARCÍA RAMÍREZ, Sergio, conferencia "El control de convencionalidad: Balance y retos en el Derecho mexicano", 11 de marzo del 2021, organizado por el Tribunal Electoral del Poder Judicial de la Federación. Disponible en: https://www.youtube.com/watch?v=HwBtKonUnTU. También véase: GARCÍA RAMÍREZ, Sergio, conferencia "El Control de Convencionalidad", organizado por la Academia Mexicano de Derecho, JV, del 1 de julio del 2021, disponible en: https://www.youtube.com/watch?v=ukcycYdGtjw (última visita julio 2022)

184 Corte IDH, Caso Myrna Mack Chang vs. Guatemala, Sentencia de 25 de noviembre de 2003, (Fondo, Reparaciones y Costas), Voto concurrente razonado del Juez Sergio García Ramírez, párr.26.

bal, atañe al Estado en su conjunto y no puede quedar sujeta a la división de atribuciones que señale el Derecho interno. No es posible seccionar internacionalmente al Estado, obligar ante la Corte solo a uno o algunos de sus órganos, entregar a éstos la representación del Estado en el juicio –sin que esa representación repercuta sobre el Estado en su conjunto– y sustraer a otros de este régimen convencional de responsabilidad, dejando sus actuaciones fuera del 'control de convencionalidad' que trae consigo la jurisdicción de la Corte internacional"[185]. Sin duda, el Estado, como sujeto de DI, al ratificar un instrumento internacional asume una obligación internacional, como Estado, involucrando a todos sus órganos, llámese ejecutivo, judicial o legislativo, y en caso de incumplimiento o violación de un derecho reconocido en la CADH por parte de estos órganos, es el Estado sobre el que recae la responsabilidad. Así, como señala este juez, cuando un órgano representa a un Estado en sus relaciones internacionales, realiza en nombre del Estado diversas actividades para las cuales está imbuido de poder, así como formular declaraciones, admitir hechos, asumir obligaciones, acoger pretensiones o realizar la defensa del Estado, y esto compromete al Estado a nivel internacional y le obliga ante la instancia internacional. "Por ello, esos actos de la voluntad del Estado no pueden quedar condicionados a lo que eventualmente expresen otros órganos nacionales en vista del trámite que reciba un asunto ante determinada instancia nacional, conforme a la legislación doméstica. Esto acontece, por ejemplo, cuando la autoridad ejecutiva manifiesta que el Estado en cuya representación actúa reconoce hechos que entrañan, por ejemplo, consecuencias penales, o se allana a pretensiones aducidas en la demanda, que igualmente traen consigo efectos internos, pero al mismo tiempo -o en oportunidad posterior- reconsidera el alcance de su expresión, aunque ésta sea enfática y

---

185 Corte IDH, Caso Myrna Mack Chang vs. Guatemala (2003), ob.cit., voto concurrente razonado del Juez Sergio García Ramírez, párr.27.

terminante, y deja a salvo el pronunciamiento que pudiera emitir un órgano judicial interno"[186].

En palabras de este ex magistrado, el condicionamiento o subordinación de ciertos hechos a actos posteriores, por parte del Estado, sobre cualquier reconocimiento de hechos o admisión de pretensiones expuestos por la autoridad competente para conducir las relaciones internacionales y representar al Estado en asuntos de esta naturaleza, incluso los formulados por el Jefe del Estado, tendrán carácter precario, estarían expuestos a convalidación o rectificación por parte de otra autoridad interna, a través de un acto de Derecho nacional que podría contradecirlas, modificarlas o revocarlas. "Esto sembraría una absoluta incertidumbre en el cumplimiento de los compromisos internacionales, contraídos a la hora en que el Estado se constituye formalmente en parte de un convenio internacional y acepta las consecuencias jurídicas que de ello derivan"[187]. Este argumento se apoya en el artículo 27 de la CV69.

El no reconocimiento adecuado, dice García Ramírez, pondría en cuestión el desempeño de las jurisdicciones internacionales sobre la tutela de los DDHH o minaría el acceso de los particulares a éstas, afectaría la seguridad jurídica una vez "tocados" los principios de legalidad y justiciabilidad inherentes a la jurisdicción internacional, y frenaría la operación expedita de estas instancias que representan, hoy día, uno de los baluartes principales del orden mundial, cuya buena gestión interesa a los propios Estados. La justicia internacional quedaría comprometida, suspendida o supeditada por determinados actos internos, previsibles o imprevisibles desde la perspectiva internacional e incluso nacional. De ser así, los tribunales internacionales se verían en la necesidad de hacer a un lado, sistemáticamente, los reconocimientos y alla-

---

186 Ídem, párr. 28.

187 Corte IDH, Caso Myrna Mack Chang (2003), Voto Razonado juez García Ramírez, ...ob.cit., párr.31.

namientos que formulen los Estados para no poner en riesgo la eficacia de sus propios pronunciamientos[188].

1.1.2. El caso Tibi contra Ecuador

Un año después del voto en el caso Myrna Mack Chang, el Juez García Ramírez, vuelve a insistir en la importancia del cumplimiento de las decisiones de los órganos internacionales y la obligación de los Estados frente a los compromisos asumidos. Pero el aspecto a destacar de este voto razonado es el estudio que realiza sobre el objetivo del control de constitucionalidad y su aplicación para llegar a la conclusión de que a nivel internacional también podría realizarse algo parecido ejerciendo un control de convencionalidad por parte de la Corte Interamericana. Aclara que la Corte IDH no es una instancia superior al derecho interno. Su objetivo es verificar los actos y las situaciones generadas en el marco nacional con los tratados internacionales que le otorgan a la Corte competencia en asuntos contenciosos[189].

Parangona la labor de la Corte con la labor que realizan los tribunales constitucionales. Señala que los tribunales constitucionales examinan los actos impugnados –disposiciones de alcance general– a la luz de las normas, los principios y los valores de las leyes fundamentales; y la Corte por su parte analiza los actos que llegan a su conocimiento en relación con normas, principios y valores de los tratados en los que se funda su competencia contenciosa. "Dicho de otra manera, si los tribunales constitucionales controlan la 'constitucionalidad', el tribunal internacional de derechos humanos resuelve acerca de la "convencionalidad" de esos actos. A través del control de constitucionalidad, los órganos internos procuran conformar la actividad del poder público –y,

---

188 Ídem, párr. 32.

189 Corte IDH, sentencia Caso Tibi vs. Ecuador, Excepciones Preliminares, Fondo, Reparaciones y Costas, sentencia de 7 de septiembre de 2004. Voto Razonado Juez García Ramírez

eventualmente, de otros agentes sociales– al orden que entraña el Estado de Derecho en una sociedad democrática. El tribunal interamericano, por su parte, pretende conformar esa actividad al orden internacional acogido en la convención fundadora de la jurisdicción interamericana y aceptado por los Estados Partes en ejercicio de su soberanía". En este contexto debemos señalar el derecho interno y el Derecho internacional no son un mismo derecho. El tribunal constitucional es parte del derecho interno y por ello ejerce el control de constitucionalidad, y la Corte interamericana no es un órgano del derecho interno, por lo que no puede ejercer el control de convencionalidad directamente como que si de un único derecho se tratara.

Por otro lado, el juez García Ramírez en este voto destaca la importancia del principio de subsidiaridad o complementariedad de la jurisdicción internacional, y señala que no sería posible ni sería deseable que la Corte recibiera muchos casos sobre hechos idénticos o muy semejantes entre sí, para reiterar una y otra vez los criterios sostenidos en litigios precedentes. Insiste en que los Estados, que son garantes del SIDH, son al mismo tiempo piezas esenciales del sistema, "al que concurren a través de una voluntad política y jurídica que constituye la mejor prenda de la eficacia verdadera del régimen internacional de protección de los derechos humanos, sustentando en la eficacia del régimen de protección de esos derechos"[190]. Destaca, en este contexto, la importancia de que los pronunciamientos de la Corte se trasladen a las leyes nacionales, a los criterios jurisdiccionales domésticos, a los programas específicos y a otras acciones que desempeña el Estado en materia de DDHH, en la forma y términos que establezca el Derecho interno, a efectos de no conocer casos similares donde ya existieron pronunciamientos anteriormente.

Es tajante el juez García Ramírez en señalar la importancia, de la voluntad política y jurídica de los Estados en la supresión de las violaciones más frecuentes y, de la apuesta por una nueva etapa

---

190 Ídem, párr.5.

en la tutela de los derechos fundamentales, de lo contrario se seguirá encontrando los mismos hechos violatorios, con los mismos argumentos y las mismas opiniones o resoluciones de la Corte, "sin que esto cale tan profundamente como debiera en la vida de nuestras naciones"[191].

En este voto, García Ramírez, se refiere también a la internacionalización del derecho constitucional y señala que cuando surge el DIDH proviene la internacionalización de la constitucionalización del Derecho internacional. En la misma línea, años más tarde, el Juez Cançado Trindade en su voto disidente también se refiere al control de constitucionalidad y su repercusión en el Derecho internacional y deja dicho que el control de constitucionalidad desarrollado a nivel interno repercutió en la doctrina jusinternacionalista, de modo que a partir de mediados del siglo XX se pasó a hablar de "internacionalización" del derecho constitucional y en las últimas décadas de "constitucionalización" del Derecho Internacional[192]. Distintas corrientes fomentaron, en palabras de Cançado Trindade, una mayor cohesión en el ordenamiento interno, y una mayor interacción entre los ordenamientos jurídicos internacional e interno en la protección de los DDHH. "En el marco de esta más amplia dimensión doctrinal, se vino a reconocer que, en el plano internacional propiamente dicho, los tratados de DDHH tienen una dimensión "constitucional", aquí mencionada no en sentido de su posición en la jerarquía de normas en el derecho interno, que de todos modos está rehén de lo que determinan las constituciones nacionales proyectándose de ahí con variaciones al orden internacional, sino más bien en el sentido mucho más avanzado de que construyen, en el propio

---

191 Ídem, párr.9.

192 Corte IDH, caso Trabajadores Cesados del Congreso (Aguado Alfaro y otros vs. Perú), sentencia de 30 de noviembre de 2007 (solicitud de interpretación de la sentencia de Excepciones Preliminares, Fondo, Reparaciones y Costas), voto disidente del Juez A. Cançado Trindade, párr.6.

plano internacional, un orden jurídico constitucional de respeto a los DDHH"[193].

Para Cançado Trindade, constituye un desafío a la ciencia jurídica contemporánea el promover la constitucionalización del DI ya que a su juicio resulta más significativa que la atomizada y variable "internacionalización" del Derecho Constitucional. En este contexto destaca la importancia del artículo 2 de la Convención, que no encuentra paralelo en la Convención Europea de Derechos Humanos, en virtud del cual los Estados Partes están obligados a armonizar su ordenamiento jurídico interno conforme a la CADH, que abre efectivamente la posibilidad de un "control de convencionalidad", con el fin de determinar si los Estados Partes han cumplido efectivamente o no la obligación general del artículo 2, y del 1.1[194]. Así, para este ex juez de la Corte, el argumento jurídico del control de convencionalidad está en el artículo 2 de la CADH.

Así, "se puede alcanzar un *order public* internacional con mayor cohesión de respeto a los derechos humanos. La 'constitucionalización' de los tratados de derechos humanos, a mi juicio, acompaña, así, *pari passu*, el *control de su convencionalidad*. Y este último puede ser ejercido por los jueces de tribunales tanto nacionales como internacionales, dada la *interacción* entre los órdenes jurídicos internacional y nacional en el presente dominio de protección"[195].

De esta forma Cançado Trindade en su voto razonado en el 2007 se pronuncia sobre el control de convencionalidad y señaló "como vengo sosteniendo hace tantos años, los recursos efectivos de derecho *interno*, a los cuales se refieren expresamente determinadas disposiciones de los tratados de derechos humanos, integran la propia protección *internacional* de los derechos huma-

---

193 Ídem, párr.7.

194 Cfr. Corte IDH, caso Trabajadores Cesados del Congreso (2007), ob.cit, voto disidente del Juez A. Cançado Trindade. párrs.8 y 9

195 Ídem, párr. 10.

nos(...) Los órganos del Poder Judicial de cada Estado Parte en la Convención Americana deben conocer a fondo y aplicar debidamente no sólo el Derecho Constitucional sino también el Derecho Internacional de los Derechos Humanos; deben ejercer *ex officio el control tanto de constitucionalidad como de convencionalidad,* tomados en conjunto, por cuanto los ordenamientos jurídicos internacional y nacional se encuentran en constante interacción en el presente dominio de protección de la persona humana"[196]. Sin duda, es la aspiración para una adecuada protección de los DDHH en el Estado, pero como hemos venido señalando, dependerá del lugar que ocupe el DIDH en el derecho interno y, si los tratados de DDHH han sido recogidos en las normas internas, sus autoridades podrán protegerlas adecuadamente aplicando la Constitución y no la Convención, ya que los derechos que reconoce y protege la Convención, estarán recogidos en la Constitución.

En palabras de este ex juez, el ejercicio del control de convencionalidad incluye a los jueces nacionales como a los internacionales y la obligación que establece el artículo 2 de la CADH abre camino para su "constitucionalización", o sea, la "constitucionalización" de una convención internacional enteramente distinta de la pretendida internacionalización del derecho constitucional[197]. Así, para él, el ejercicio del control de convencionalidad de un tratado, como la CADH, puede contribuir en mucho a asegurar que la Convención genere sus efectos propios *(effec utile)* en el derecho interno de los Estados Partes.

Tras los casos Myrna Mack Chang y Tibi, en el año 2006, el juez García Ramírez en su voto razonado, en el caso López Álvarez afirma que la Corte es el órgano que práctica el control convencionalidad y es el que debe explorar las circunstancia *de jure* y *de*

---

196 Ídem, párr.11

197 Ídem, párr.12

facto del caso, al verificar la compatibilidad entre la conducta del Estado y las disposiciones la CADH[198].

Estos votos razonados, respecto al control de convencionalidad, fueron la semilla sembrada por el juez Sergio García Ramírez que más tarde germinó y hoy forma parte esencial de la jurisprudencia de la Corte interamericana.

Transcurridos casi dos décadas de la primera mención de la figura a través de su voto razonado, el juez García Ramírez, en el año 2021, ya fuera de la Corte interamericana, vuelve a señalar las razones que le han inspirado a introducir este tema en la jurisprudencia de la Corte. Se refiere a la labor de los jueces internos en relación con las obligaciones internacionales y la jurisprudencia internacional. Afirma que durante su labor en la Corte en reiteradas ocasiones advertía que los Estados al ejercer su defensa acerca de la violación de los DDHH ante la Corte IDH, por lo general, de ser el caso, se atenían a lo que decía el Derecho internacional, reconocían la interpretación que la Corte hacía del tratado y la subordinación como Estado al mismo y solían decir que aceptaban que el ejecutivo y el legislativo adoptaran los medios pertinentes en función de la sentencia emanada de la Corte, pero dejaban dicho que no podían asegurar que los jueces, una vez la sentencia llegue a sus manos, actuaran en ese sentido, debido a que los jueces en sus países son independientes de los otros poderes, independientes de cualquier instancia que no sea la ley ni su propia convicción, su propia conciencia frente a la ley. En este contexto, García Ramírez, profesa con absoluta convicción la independencia, pero señala que hay que tener cuidado porque no se puede pensar que los juzgadores, en aras de esta autonomía, de la independencia judicial, son entes ajenos al Estado y por tanto no resultan obligados por las decisiones emitidas mediante intervención del Estado y con acuerdo del Estado que ha suscrito un tratado

---

198 Voto Razonado del Juez Sergio García Ramírez a la sentencia de la Corte IDH sobre el Caso López Álvarez Vs. Honduras, del 1 de febrero de 2006, párr. 30.

internacional. Como es lógico, en ningún caso se puede sostener que los tratados obligan solo a ciertos poderes, llámese gobierno y parlamento, pero no obliga a los juzgadores que pueden actuar por su cuenta y desentenderse totalmente de lo que está escrito en los tratados internacionales o de la interpretación que de ellos realicen los tribunales internacionales. Fue esta situación la que le llamó la atención. No entendía ¿cómo podía ser posible excluir a los tribunales de la tutela de los DDHH de una corte internacional?; en este contexto nos recuerda "que en el mundo internacional, en las relaciones internacionales, el Estado comparece y se compromete como un todo, es una sola persona jurídica y política, la que comparece en el escenario internacional no comparece por pedazos, por piezas, por sectores, no comparece solo el ejecutivo, solo el legislativo, comparece en su totalidad, sin perjuicio, se entiende de las atribuciones que las constituciones nacionales asignan a cada uno de los órganos de poder público, esa es una cuestión de derecho interno. El Estado en el plano internacional se compromete como un todo, y es aquí donde debe apreciarse el quehacer del *control de convencionalidad* que se inscribe en el marco del dialogo jurisdiccional"[199]. Estas fueron las razones de peso que han orientado al juez García Ramírez a plantear un control de convencionalidad, tan arraigado y desarrollado hoy en día en la jurisprudencia de la Corte Interamericana.

A modo de resumen, se presentan los antecedentes de Control de Convencionalidad.

---

199 GARCÍA RAMÍREZ, SERGIO, El control de convencionalidad: Balance y retos en el Derecho mexicano, 11 de marzo del 2021. Disponible en: https://www.youtube.com/watch?v=HwBtKonUnTU (última visita julio de 2022)

1	**Myrna Mack Chang vs. Guatemala (2003)** 2001: Necesidad de ajustar que la responsabilidad del Estado es global. Atañe a todo el Estado en su conjunto y no puede quedar sujeta a la división de atribuciones que señale el derecho interno.
2	**Caso Tibi vs. Ecuador (2004)** Realiza un estudio sobre el objetivo del control de Constitución y su aplicación, llegando a la conclusión que a nivel internacional también podría realizarse algo parecido ejerciendo un control de Convencionalidad por parte de la Corte.
3	**Caso López Álvarez vs. Honduras (2006)** La Corte es el órgano que practica el control de Convencionalidad. Al analizar la dura razón del proceso penal, señaló que la Corte verifica la compatibilidad dividida la conducta del Estado y las disposiciones de la Convención, es decir, es el órgano que practica el Control de Convencionalidad, debe explorar la circunstancia de *iure* y de facto del caso.

Fuente: Elaboración propia

2. LA JURISPRUDENCIA DE LA CORTE INTERAMERICANA Y EL CONTROL DE CONVENCIONALIDAD: UNA INVOCACIÓN CONSTANTE DESDE ALMONACID ARELLANO 2006

Tras los argumentos esgrimidos en los votos razonados por parte del Juez García Ramírez en los casos mencionados, tres años más tarde, la Corte interamericana hace suya la propuesta y la recoge en el caso Almonacid Arellano contra Chile[200]. Desde entonces su incorporación y tratamiento en la jurisprudencia ha sido constante. Son dieciséis años de desarrollo en los que se advierte un gran cambio, "tergiversación", de la idea original propuesta en 2003 en los votos razonados y en la primera sentencia en la que se incorporó en 2006, que estaba orientado a los jueces. No cabe duda de que la aparición de esta figura en el sistema interamericano marca un antes y un después, y como dice Dulitzky "la teoría del control de convencionalidad modifica, en parte, el paradigma

200 Corte IDH, Caso Almonacid Arellano y otros vs. Chile, sentencia de 26 de septiembre de 2006 (Excepciones preliminares, Fondo, Reparaciones y Costas).

sobre el que se asentaba teóricamente el sistema interamericano de derechos humanos"[201].

Si bien a partir del 2006 la Corte hace uso de la frase control de convencionalidad, ya venía sosteniendo en las opiniones consultivas, desde hace quince años atrás, que las leyes tenían que ser compatibles con la CADH[202], y como dice Hitters, "desde siempre venía haciendo esa revisión"[203].

En el caso Almonacid Arellano comienza destacando la importancia del artículo 2 de la CADH respecto a la obligación de los Estados de adecuar su derecho interno a las exigencias del Derecho internacional, en el caso materia de estudio, la adecuación a las exigencias de la CADH. Este artículo además de la obligación legislativa, dice la Corte, tiene también la finalidad de facilitar la función del Poder Judicial a fin de que el aplicador de la ley tenga una opción clara de cómo resolver un caso particular. Sin embargo, cuando el legislativo falla en su tarea de suprimir y/o no adoptar leyes contrarias a la CADH, el Judicial permanece vinculado al deber de garantía establecido en el art. 1.1 de la Convención y, consecuentemente, debe abstenerse de aplicar cualquier normativa contraria a ella.

El cumplimiento por parte de agentes o funcionarios del Estado de una ley violatoria de la CADH produce responsabilidad internacional del Estado y es un principio básico del derecho de la responsabilidad internacional del Estado, recogido en el DIDH en el sentido de que todo Estado es internacionalmente

---

201 DULITZKY, A. *Derechos Humanos en Latinoamérica y el sistema interamericano. Modelos para (Des)armar,* Instituto de Estudios Constitucionales del Estado de Querétaro, México 2017, p. 341.

202 DULITZKY, A., El Control de convencionalidad, en: https://www.youtube.com/watch?v=wcmLmF9NKOU, agosto 2018 (última visita noviembre de 2022)

203 HITTERS J.C., "Control de constitucionalidad y control de convencionalidad. Comparación (criterios fijados por la Corte Interamericana de Derechos Humanos)", Estudios constitucionales, Año 7, Nº 2, 2009, pp.109-128, p.128.

responsable por actos u omisiones de cualesquiera de sus poderes u órganos en violación de los derechos internacionalmente consagrados, según el artículo 1.1 de la CADH[204]. Para Vio Grossi, el fundamento del control de convencionalidad está en este argumento que va en línea con lo establecido en el artículo 33 de la CADH, que le otorga a la Corte y a la Comisión la competencia para conocer los asuntos relacionados con el cumplimiento de los compromisos contraídos por los Estados parte en la Convención. Así, "la finalidad perseguida con el control de convencionalidad no es la de hacer prevalecer la Convención sobre el derecho interno en el ámbito nacional del Estado parte de la Convención, sino más bien que ésta y aquel sean interpretados armoniosamente por sus órganos, de suerte tal de no hacer incurrir a dicho Estado en responsabilidad internacional"[205]. Así, cuando los Estados no han cumplido con los compromisos internacionales asumidos, conforme los establece el art. 62.3 de la CADH, los órganos del sistema interamericano deben actuar para hacer efectiva la responsabilidad del Estado[206].

En palabras de la Corte, los jueces están sometidos al imperio de la ley, a cumplir sus normas internas, pero cuando el Estado ha ratificado un Tratado internacional como la CADH, sus jueces, como parte del Estado, están también sometidos a ella, lo que les obliga a velar por el cumplimiento de la CADH y que ésta no se vea afectada por la aplicación de leyes contrarias a su objeto y fin y que desde un inicio carecen de efectos jurídicos. "En otras palabras, el Poder judicial debe ejercer una especie de 'control de convencionalidad' entre las normas jurídicas internas que aplican en los casos concretos y la CADH. En esta tarea el Poder Judicial debe tener en cuenta no solo el Tratado, sino también la interpretación que del mismo ha hecho la Corte Interamericana, in-

---

204 Corte IDH, Caso Almonacid Arellano y otros vs. Chile (2006), ob.cit., párr. 123.

205 VIO GROSSI, E., "Jurisprudencia de la Corte Interamericana de Derechos Humanos..., ob.cit., pp. 93-112, p.100.

206 Ibidem.

térprete última de la CADH"[207]. Así, para los fines del control de convencionalidad se requiere un doble componente, el tratado por un lado y la interpretación por otro, cuyo conjunto forman la norma que es necesario reconocer y aplicar[208]. Incluye en esta labor a todo el poder judicial y no establece jerarquía alguna.

En este caso, la Corte señaló que Chile había ratificado la CADH en agosto de 1990 y seguía manteniendo vigente el Decreto Ley 2191 por 16 años, aunque no se aplicaba desde 1998, incumpliendo los deberes impuestos por el art. 2 de la CADH que implica una obligación legislativa de suprimir toda norma violatoria a la CADH, y al estar vigente en el ordenamiento podía ser aplicada por las Cortes internas en cualquier momento, si lo hubieran considerado[209]. Así, para este órgano judicial, mantener formalmente dentro de su ordenamiento interno un Decreto Ley contrario a la letra y espíritu de la CADH es incumplir la obligación que establece el art. 2. Así, en este caso, se advierte que el control de convencionalidad implica la expulsión de normas contrarias a la CADH, por un lado, y por otro la interpretación de las normas internas conforme a la CADH.

El mismo día en el que emite la sentencia en el caso Almonacid, en el caso Vargas Areco, el Juez García Ramírez, "inventor"

---

207 Corte IDH, Caso Almonacid Arellano y otros vs. Chile (2006), ob.cit. párr.124. Este criterio ha sido reiterado prácticamente en todas las sentencias donde se ha referido al control de convencionalidad, entre otros: Caso Gomes Lund y otros (Guerrilha do Araguaia) vs. Brasil, sentencia de 24 de noviembre de 2010 (Excepciones preliminares, Fondo, Reparaciones y Costas), párr. 176; Caso Cabrera García y Montiel Flores vs. México (2010), ob.cit., párr. 225; Caso La Cantuta vs. Perú, sentencia de 29 de noviembre de 2006 (Fondo, Reparaciones y Costas), párr. 173; y Caso Gelman vs. Uruguay, sentencia de 24 de febrero de 2011 (Fondo y Reparaciones), párr.193.

208 GARCÍA RAMÍREZ, Sergio, conferencia "El control de convencionalidad: Balance y retos en el Derecho mexicano", 11 de marzo del 2021, organizado por el Tribunal Electoral del Poder Judicial de la Federación. Disponible en: https://www.youtube.com/watch?v=HwBtKonUnTU.

209 Corte IDH, Caso Almonacid Arellano (2006), ob.cit., párr.121

del control de convencionalidad en el sistema interamericano, reconoce que el "control de convencionalidad", está a cargo de la Corte, fundado en la confrontación entre el hecho realizado y las normas de la Convención Americana, pero aclara que "no puede, ni pretende –jamás lo ha hecho–, convertirse en una nueva y última instancia para conocer la controversia suscitada en el orden interno. La expresión de que el Tribunal interamericano constituye una tercera o cuarta instancia, y en todo caso una última instancia, obedece a una percepción popular, cuyos motivos son comprensibles, pero no corresponde a la competencia del Tribunal, a la relación controvertida en éste, a los sujetos del proceso respectivo y a las características del juicio internacional sobre derechos humanos"[210]. Así, solo puede confrontar los hechos internos (como leyes, actos administrativos, resoluciones jurisdiccionales) con las normas de la Convención para ver si hay congruencia entre ambas, y en su caso, determinar, sobre esa base, si aparece la responsabilidad internacional del Estado por incumplimiento de sus obligaciones[211].

Dos meses después del caso Almonacid Arellano, en noviembre del mismo año, en el caso Trabajadores cesados del congreso, la Corte reitera que los jueces de un Estado que ha ratificado un tratado internacional, en este caso, la CADH, están sometidos a ella. Esto les obliga a velar porque el efecto útil de la Convención no se vea mermado o anulado por la aplicación de leyes contrarias a sus disposiciones, objeto y fin[212]. Deja dicho que los órganos del Poder Judicial deben ejercer no solo un control de constitucio-

---

210 Cfr. Voto Razonado del Juez Sergio García Ramírez a propósito de la sentencia de la Corte Interamericana de Derechos Humanos en el Caso Vargas Areco vs. Paraguay, sentencia de 26 de septiembre de 2006, párr.6.

211 Ídem, párr.7

212 Corte IDH, caso Trabajadores cesados del congreso (Aguado Alfaro y otros) vs. Perú, sentencia de 24 de noviembre de 2006 (Excepciones preliminares, Fondo, Reparaciones y Costas), párr.128. Este criterio ha sido reiterado en diversos casos, entre otros, el caso Heliodoro Portugal vs. Panamá (2008), ob.cit., párr.179, el caso Radilla Pacheco vs. Estados

nalidad, sino también "de convencionalidad" *ex officio* entre las normas internas y la Convención Americana, en el marco de sus respectivas competencias y de las regulaciones procesales correspondientes. "Esta función no debe quedar limitada exclusivamente por las manifestaciones o actos de los accionantes en cada caso concreto, aunque tampoco implica que ese control deba ejercerse siempre, sin considerar otros presupuestos formales y materiales de admisibilidad y procedencia de este tipo de acciones"[213]. A diferencia de lo mencionado en el caso Almonacid, se refiere a ciertos aspectos procesales, agrega la frase efecto útil y que el control de convencionalidad debe ejercerse *ex officio,* dentro del marco de sus respectivas competencias y de las regulaciones procesales, y siempre considerando de ser el caso otros presupuestos formales y materiales de admisibilidad y procedencia. Con esta última parte, la Corte reconoce el ejercicio de esta figura, siempre teniendo en cuenta el derecho interno.

En este caso, reitera el alcance del art. 2, y señala que éste implica el deber de garantizar los derechos que están recogidos en la CADH, suprimiendo las normas que sean contradictorias o que desconozcan los derechos recogidos en ella, y adoptando normas y desarrollando prácticas orientadas a la protección efectiva de los DDHH. Las medidas de derecho interno deben de ser efectivas (principio de *effet utile*)[214]. De esta forma exige ejercer de oficio el control de convencionalidad al poder judicial, sin que haga falta una petición de parte, ante una instancia judicial.

Hasta este momento, la Corte venía exigiendo el control de convencionalidad respecto de la Convención Americana, pero en esta sentencia, en el punto dos de su voto razonado el juez García Ramírez señala que esta misma función se despliega por

---

Unidos Mexicanos, sentencia de 23 de noviembre de 2009 (Excepciones Preliminares, Fondo, Reparaciones y Costas), párr.339.

213 Corte IDH, caso Trabajadores cesados (2006), ob.cit, párr. 128.

214 Corte IDH caso Heliodoro Portugal vs. Panamá (2008), ob.cit., párr.179, Caso Ibsen Cárdenas e Ibsen Peña vs. Bolivia, sentencia de 1 de septiembre de 2010 (Fondo, Reparaciones y Costas), párr.202.

idénticas razones frente a otros instrumentos de igual naturaleza, que forman parte del *corpus iuris* convencional de los DDHH de los que es parte el Estado: Protocolo de San Salvador, Protocolo relativo a la Abolición de la Pena de Muerte, Convención para Prevenir y Sancionar la Tortura, Convención de Belém do Pará para la Erradicación de la Violencia contra la Mujer, Convención sobre Desaparición Forzada, etc. De lo que se trata, dice el juez, es de que haya conformidad entre los actos internos y los compromisos internacionales contraídos por el Estado, que generan para éste determinados deberes y reconocen a los individuos ciertos derechos. Pero, lo que no dice García Ramírez, es que órgano internacional debe controlar el ejercicio del control de convencionalidad, respecto a esos otros tratados. ¿Debe ser también la Corte interamericana? Aunque se entiende que sí.

En palabras de este juez, el único medio de proteger los derechos es que, una vez fijado el criterio de interpretación y aplicación, éste sea recogido por los Estados en el conjunto de su aparato jurídico: a través de políticas, leyes, sentencias que den trascendencia, universalidad y eficacia a los pronunciamientos de la Corte, creada por la voluntad soberana de los Estados[215]. Esto, siempre teniendo en cuenta las obligaciones internacionales asumidas por el Estado y aplicando su derecho interno en el que se ha recogido los derechos garantizados por la CADH.

En 2007 en el caso Boyce la Corte mostró su "disconformidad" con el análisis realizado por el máximo tribunal de apelaciones de Barbados sobre la limitación al derecho a la protección judicial, acudiendo solo a la Constitución y no tomando en cuenta las obligaciones del Estado conforme a la CADH y a la jurisprudencia, refiriéndose al control de convencionalidad mencionado en Almonacid Arellano[216]. Reiteró que el Estado debe cumplir con

---

215 Corte IDH, trabajadores cesados (2006), ob.cit., voto razonado, párr.8.

216 Donde la pena de muerte en Barbados contaba con un amplio respaldo de la población para disuadir la delincuencia, a pesar de que el Estado había ratificado la Convención y asumido su competencia contenciosa por ello, de conformidad con su deber de resolver aquellos casos debi-

sus obligaciones asumidas respecto a la CADH de buena fe y no puede invocar su derecho interno como justificación para el incumplimiento de sus obligaciones convencionales. Para la Corte, el tribunal no debió haberse limitado a evaluar si la ley materia del caso era inconstitucional, sino también si era convencional. Así, los jueces deben decidir también si la ley de Barbados restringe o viola los derechos reconocidos en la CADH[217].

Cuatro años más tarde de la sentencia emitida en el caso Almonacid Arellano, la Corte exige ejercer no sólo un control de constitucionalidad, sino también de convencionalidad, ya no solo al poder judicial, sino a todos los "órganos de cualquiera de los poderes cuyas autoridades ejerzan funciones jurisdiccionales"[218]. Reitera este criterio en el caso Gomes Lund al referirse a todos sus órganos, incluido sus jueces, por cuanto estos últimos están obligados internacionalmente a ejercer de oficio entre las normas internas y la Convención, teniendo en cuenta no solo el Tratado sino también la jurisprudencia, un control de convencionalidad[219]. Dos días más tarde, en el caso Cabrera García y Montiel Flores, además de reiterar los criterios mencionados, afirma que tienen la obligación de ejercer el control de convencionalidad, del tratado y la jurisprudencia del máximo intérprete de la CADH,

---

damente sometidos a su conocimiento, la Corte debe analizar si el sistema de pena capital en Barbados concuerda con las obligaciones legales que el Estado ha asumido conforme a la CADH, teniendo en cuenta la jurisprudencia del tribunal.

217 Corte IDH, caso Boyce y otros vs. Barbados, sentencia de Excepción Preliminar, Fondo, Reparaciones y Costas, 20 de noviembre de 2007, párr. 78.

218 Corte IDH caso Vélez Loor vs. Panamá, sentencia de 23 de noviembre de 2010, (Excepciones Preliminares, Fondo, Reparaciones y Costas), párr.287

219 Corte IDH, caso Gomes Lund (2010), ob.cit., párr. 176; Caso López Lone y otros vs. Honduras (Excepciones Preliminares, Fondo, Reparaciones y Costas), sentencia de 5 de octubre de 2015, párr.307, caso Palacio Urrutia y Otros vs. Ecuador, sentencia de 24 de noviembre de 2021, (Fondo, Reparaciones y Costas), párr.180.

de oficio todos "Los jueces y órganos vinculados a la administración de justicia en todos los niveles" siempre, en el marco de sus respectivas competencias y de las regulaciones procesales correspondientes, y señala a diversos tribunales de la más alta jerarquía en la región que se han referido y aplicado el control de convencionalidad teniendo en cuenta la interpretación de la Corte[220]. Con esta afirmación, dice el Juez Mac-Gregor, la Corte define que el control de convencionalidad debe ejercerse por todos los jueces al margen de su formal pertenencia o no al Poder judicial y sin importar su jerarquía, grado, cuantía o materia de especialización, es decir, debe realizarse por cualquier juez o tribunal que materialmente realice funciones jurisdiccionales, Cortes, Salas o Tribunales Constitucionales, Cortes Supremas de justicia y demás altas jurisdicciones de los países parte de la CADH y con mayor razón los Estados que asumieron la competencia contenciosa de la Corte[221]. Así, en el caso Fernández Prieto y Tumbeiro, la Corte indicó que "en la creación e interpretación de las normas que faculten a la policía a realizar detenciones sin orden judicial o en flagrancia, las autoridades internas, incluidos los tribunales están obligadas a tomar en cuenta las interpretaciones de la Convención Americana realizadas por la Corte Interamericana respecto a la necesidad de que las mismas se realicen en cumplimiento con los estándares en materia de libertad personal reiterados en esta sentencia"[222]. En el caso Radilla Pacheco insiste en el ejercicio *ex officio* del control de convencionalidad que debe realizar el poder judicial, en el marco de sus respectivas competencias y de las regulaciones procesales correspondientes, entre las normas y

---

220 Corte IDH, caso Cabrera García y Montiel Flores (2010), párrs. 225-226. En la misma línea en el caso Chocrón Chocrón vs. Venezuela, sentencia de 1 de julio de 2011 (Excepción Preliminar, Fondo, Reparaciones y Costas), párrs. 164-165.

221 Caso García y Montiel Flores (2010), ob.cit., Voto Razonado del Juez Ad Hoc Eduardo Ferrer Mac-Gregor Poisot, párrs. 19-20.

222 Corte IDH, Caso Fernández Prieto y Tumbeiro vs. Argentina, sentencia de 1 de septiembre de 2020 (Fondo y Reparaciones), párr.100.

la Convención, así como la jurisprudencia de la Corte[223]. Así dejó claro que "las interpretaciones constitucionales y legislativas sobre los criterios de competencia material y personal de la jurisdicción militar en México deben adecuarse a los principios establecidos en la Jurisprudencia"[224]. Reiteró este criterio un año más tarde en el caso Fernández Ortega también contra México y dejó dicho que ello implica que les corresponde a las autoridades judiciales, con base en el control de convencionalidad, disponer de manera inmediata y de oficio el conocimiento de los hechos por el fuero penal ordinario, al margen de las reformas legales que el Estado deba adoptar en este caso[225]. De esta forma, la Corte parece convertirse en un órgano más del derecho interno que ordena el cumplimiento de la Convención y la jurisprudencia, por un lado, y por otro, sitúa al Derecho internacional por encima del derecho interno. Ni de la CADH ni de otro instrumento se advierte que la Convención prevalece sobre el derecho interno del Estado Parte. Ésta solo establece la fuente normativa sobre la que la Corte debe fallar. Por ello, dice Vio Grossi, la Corte no debe ni puede ser percibida como una "cuarta instancia"; de ser así, debería emitir su fallo conforme al derecho nacional del Estado correspondiente, lo que no le es permitido[226]. En la misma línea Dulitzky señala que la Corte al exigir la aplicación de la Convención Americana a los jueces nacionales sobre la legislación interna, la ubica "como

---

223 Caso Radilla Pacheco (2009), ob.cit., párr.339.

224 Ídem, párr.340. En igual sentido en el caso Fernández Ortega y otros vs. México, sentencia de 30 de agosto de 2010 (Excepción Preliminar, Fondo, Reparaciones y Costas), párr.237, caso Valentina Rosendo Cantú y otra vs. México, sentencia de 31 de agosto de 2010 (Excepción Preliminar, Fondo, Reparaciones y Costas), párr.219, caso Cabrera García y Montiel Flores vs. México (2010), ob.cit., párr. 233.

225 Corte IDH, Caso Fernández Ortega (2010), ob.cit., párr.237. Este criterio ha sido reiterado en el caso Valentina Rosendo Cantú, ob. cit, párr. 220.

226 VIO GROSSI, E., "Jurisprudencia de la Corte Interamericana de Derechos Humanos: ¿del control de convencionalidad a la supranacionalidad? ..., ob.cit., pp. 93-112, p.100.

una especie de tribunal constitucional interamericano"; asimismo señala que el control de convencionalidad, al exigir a los jueces nacionales ser los guardianes de la supremacía de la Convención tal como lo interpreta, modifica el papel de los jueces nacionales. Así, en palabras de Dulitzky "la Corte utiliza esta figura para definir su propia identidad y continuar el camino hacia un enfoque más judicializado de la protección de los DDHH, pero el enfoque de la Corte para el control de convencionalidad es unidireccional ya que no abarca adecuadamente a los jueces nacionales en esta empresa", cuando son los tribunales latinoamericanos los que deben ser vistos como actores políticos de derecho interamericano y no como seguidores mecánicos de la Corte[227]. La Corte "necesita convertirse en un aliado de las autoridades judiciales a nivel nacional"[228] y no en un ente superior que exige obediencia.

Es de señalar que en el caso Cabrera García y Montiel Flores, el Estado mexicano presentó una excepción preliminar por falta de competencia de la Corte, alegando que ésta pretendía revisar el proceso penal revisado ampliamente por las instancias pertinentes en el derecho interno, queriendo actuar como una *cuarta instancia* a pesar de que el Estado había ejercido efectivamente el control de convencionalidad de oficio aplicando parámetros convencionales. De no declarar procedente la excepción, el Estado solicitó que la Corte se pronuncie "sobre los criterios, fundamentos jurídicos y condiciones en las que, aun cuando los tribunales nacionales ejerzan un control de convencionalidad", la Corte "puede conocer de los asuntos sometidos a su jurisdicción"[229]. En este caso advertimos por vez primera que un Estado alega haber ejercido el control de convencionalidad, razón por la que la Corte ya no tendría competencia para conocer el caso. Desde que la Corte ha comenzado a hacer uso de la figura conocida como control de convencionalidad, es usual encontrar en las demandas una

---

227 Ídem, p.73

228 Ídem, p. 91

229 Corte IDH, Caso Cabrera García y Montiel Flores Vs. México (2010), ob.cit., párr.13.

mención a él, señalando por ejemplo la violación de los artículos de la Convención "porque el Estado no suprimió las normas que violarían la Convención y por no haber realizado un control de convencionalidad de la legislación dominicana pertinente en su momento"[230].

Para la Corte, el hecho de que el Estado alegue el ejercicio del control de convencionalidad por parte de los tribunales nacionales no hace que deje de conocer el caso. Deja dicho que es en la etapa de fondo cuando se determinará si el presunto control de convencionalidad alegado por el Estado involucró un respeto de las obligaciones internacionales del Estado conforme a la jurisprudencia y al Derecho internacional aplicable, y finalmente desestimó la excepción preliminar planteada[231].

En este caso, la Corte reitera su papel subsidiario y coadyuvante por lo que no ejerce la cuarta instancia ni es un tribunal de alzada o de apelación para resolver los desacuerdos de las partes respecto a normas de derecho interno en aspectos que no estén relacionados de manera directa con el cumplimiento de obligaciones internacionales de DDHH. Reconoce que en principio son los tribunales nacionales los encargados del examen de los hechos y pruebas presentados por los particulares. "Esto implica que, al valorarse el cumplimiento de ciertas obligaciones internacionales, existe una intrínseca interrelación entre el análisis de derecho internacional y de derecho interno"[232].

Un aspecto a señalar de esta sentencia es el amplio desarrollo del control de convencionalidad que realiza el juez Ferrer Mac-Gregor, en su voto razonado, quien considera el papel trascendental de esta doctrina en la creación de manera progresiva de un *ius constitucionale commune* en materia de DDHH para el

---

230 Corte IDH, Caso Nadege Dorzema y Otros vs. República Dominicana, sentencia de 24 de octubre de 2012 (Fondo, Reparaciones y Costas), párr.204; caso Gomes Lund y otros (2010), ob.cit., párr. 177.

231 Caso Cabrera García y Montiel Flores (2010), ob.cit. párr. 21

232 Ídem., párr.16.

continente americano o, por lo menos, para América Latina[233]. Destaca la existencia de una interacción entre las normas internas e internacionales y habla de un "diálogo jurisprudencial" en que la actuación de los órganos nacionales, incluidos los jueces, deben aplicar además de sus normas nacionales, la normativa internacional, asumida en uso de su soberanía. Lo cual, dice, no significa otorgar competencia absoluta a la Corte para revisar en cualquier caso y condición la actuación de los jueces nacionales a la luz de la propia legislación interna. Indica, la Corte no tiene competencia para convertirse en una "nueva y última instancia" para resolver los planteamientos de las partes en un proceso nacional. En este contexto no debemos olvidar que la Corte interamericana es un tribunal internacional y no nacional. En ningún caso forman una unidad; cada uno tiene vida propia y por ende funciones propias.

Continúa Mac-Gregor diciendo que la Corte no es un tribunal de cuarta instancia, por cuanto su actuación se limita a revisar las actuaciones de los jueces nacionales, incluido el correcto ejercicio del control de convencionalidad, solo si el análisis se deriva del examen que realice la compatibilidad de la actuación nacional conforme a la CADH, de sus Protocolos adicionales y su jurisprudencia. Lo contrario "equivaldría a sustituir a la jurisdicción interna, quebrantando la esencia misma de la naturaleza coadyuvante o complementaria de los tribunales internacionales"[234]. Con esto, el control abarca ya no solo la Convención, la jurisprudencia, sino también los protocolos, es decir, incluye al protocolo sobre Derechos económicos, sociales y culturales y al protocolo relativo a la abolición de la pena de muerte.

Este juez se refiere a un control difuso de convencionalidad por cuanto debe ejercerse por todos los jueces nacionales, y convierte al juez nacional en interamericano, y por ende en el encargado de

---

233 Cfr. Voto Razonado del Juez Ad Hoc Eduardo Ferrer Mac-Gregor Poisot en el caso Cabrera García y Montiel Flores (2010), ob.cit., párrs. 1-9.

234 Ídem, párr.11.

salvaguardar no solo los DDHH recogidos en el derecho interno, sino también los recogidos en los instrumentos internacionales y, finalmente, encargándose de la armonización de la legislación nacional con los estándares interamericanos[235]. Así, su nueva misión es salvaguardar el *corpus ius* interamericano a través del control de convencionalidad[236]. Esta posición, sin duda, sería lo ideal, pero no es realista porque, por una lado, exigiría del Estado una labor de capacitación que incluya a todos los jueces a fin de que conozcan el SIDH, como si de derecho interno se tratara, y no sé si todos los Estados tienen los medios necesarios para hacerla, aunque conforme a las obligaciones asumidas, debieran hacerla; y por otro lado, no sé si la Corte está en condiciones y tiene la capacidad para controlar el ejercicio del control de convencionalidad, de la CADH y de los otros tratados, por parte de miles de jueces de todos los rangos de los Estados miembros. No hay que olvidar que no existe un órgano que unifique la jurisprudencia. Convertir a un juez nacional en un juez interamericano no es tarea fácil, es una utopía. Es más realista una adecuación del derecho interno conforme a la CADH y su jurisprudencia, de modo el que juez esté preparado para conocer su derecho interno, que es compatible con el SIDH, y aplicarla. Para ello será necesario fortalecer el sistema de modo que se vigile el cumplimiento de la Convención, de los otros tratados, según la ratificación de los Estados, de la jurisprudencia y del cumplimiento de las sentencias emanadas de la Corte.

---

235 Se dice que "el *control de convencionalidad* en sede interna es una especie de Control de Convencionalidad *difuso*, porque cualquier juez nacional deberá oficiosamente acudir a esta forma de control, mientras que el *Control de Convencionalidad* en sede internacional es una especie de Control de Convencionalidad concentrado, por ser la Corte Interamericana su juez natural" Cfr. REY CANTOR, REY CANTOR, E., *Control de Convencionalidad de las Leyes y Derechos Humanos*, Editorial Porrúa, México, 2008, p. 201.

236 Cfr. Voto Razonado del Juez Ad Hoc Eduardo Ferrer Mac-Gregor Poisot en el caso Cabrera García y Montiel Flores (2010), ob.cit., párr.24

Ante esta situación, hay quien dice que la teoría del control de convencionalidad ha sido formulada de manera muy teórica y que no se ha tomado en cuenta la realidad de su funcionamiento ni sus verdaderas posibilidades de implementación. Así, por más que la Corte busque erigirse en una especie de tribunal constitucional continental, sigue siendo un tribunal internacional y depende fundamentalmente de los Estados para la eficacia de sus decisiones, en virtud del carácter subsidiario en la protección de los DDHH[237].

La jurisprudencia de la Corte es casi uniforme respecto al control de convencionalidad desde su origen hasta el caso Gomes Lund donde se refiere a todos los órganos del Estado, incluido los jueces. Aunque reitera lo mismo, en el caso Cabrera García y Montiel Flores hace una referencia especial a los jueces y órganos vinculados con la administración de justicia en todos los niveles y de oficio. Pero luego vuelve al criterio utilizado en el caso Gómez Lund y es más contundente en el caso Gelman cuando se refiere al ejercicio de esta figura a *cualquier autoridad públic*a y ya no solo al Poder Judicial. No obstante, continúa haciendo referencia a los otros aspectos desarrollados a lo largo de su jurisprudencia.

En el caso Gelman, la Corte analiza la compatibilidad o no de una ley de caducidad, adoptada en Uruguay tras la dictadura vivida en décadas pasadas, con la CADH y afirma, acertadamente, que la sola existencia de un régimen democrático no es garantía *per se* del respeto del Derecho internacional incluido el DIDH. Así, la legitimación democrática de ciertos hechos o actos en una sociedad está limitada por las normas y obligaciones internacionales de protección de los DDHH reconocidos en diversos tratados de DDHH, como la Convención Americana, "de modo que la existencia de un verdadero régimen democrático está determinada por sus características tanto formales como sustanciales, por lo que, particularmente en casos de graves violaciones a las

---

237 SILVA ABOTT, M., ¿Es realmente viable el control de convencionalidad?, Revista Chilena de Derecho, vol. 45 Nº 3, 2018, pp.717-744, p.p.733.,

normas del Derecho Internacional de los Derechos, la protección de los derechos humanos constituye un límite infranqueable a la regla de mayorías, es decir, a la esfera de lo 'susceptible de ser decidido' por parte de las mayorías en instancias democráticas, en las cuáles también debe primar 'un control de convencionalidad', que es función y tarea de cualquier autoridad pública y no sólo del Poder Judicial"[238]. En la misma línea en el caso masacre de Santo Domingo se refiere a todas las autoridades y órganos de un Estado Parte en la CADH, luego de dejar claramente establecido el carácter complementario del sistema interamericano y reiterar la obligación del Estado en su protección, como principal garante de la protección de los DDHH. Señala que estas ideas "han adquirido forma en la jurisprudencia reciente bajo la concepción de que todas las autoridades y órganos de un Estado Parte en la Convención tienen la obligación de ejercer un 'control de convencionalidad'"[239]. Esto para la Corte significa "que se ha instaurado un control dinámico y complementario de las obligaciones convencionales de los Estados de respetar y garantizar derechos humanos, conjuntamente entre las autoridades internas (primariamente obligadas) y las instancias internacionales (en forma complementaria), de modo que los criterios de decisión pueden ser conformados y adecuados entre sí. Así, la jurisprudencia de la Corte muestra casos en que se retoman decisiones de tribunales internos para fundamentar y conceptualizar la violación de la Convención en el caso específico. En otros casos ha reconocido que, en forma concordante con las obligaciones internacionales, los órganos, instancias o tribunales internos han adoptado medidas adecuadas para remediar la situación que dio origen al caso; y han resuelto la violación alegada; han dispuesto reparaciones razonables, o han ejercicio un adecuado control de

238 Corte IDH, Caso Gelman vs. Uruguay (2011), ob.cit., párr. 239.

239 Corte IDH, Caso Santo Domingo vs. Colombia, sentencia de 30 de noviembre de 2012 (Excepciones Preliminares, Fondo y Reparaciones), párr. 142.

convencionalidad"[240]. En el caso Andrade Salmón reiteró "que todas las autoridades de un Estado Parte en la Convención tienen la obligación de ejercer un 'control de convencionalidad'"[241]. Para la Corte, las autoridades estatales tienen la obligación de cumplir las sentencias que emanan de esta y de realizar, en el marco de sus competencias, el respectivo control de convencionalidad[242].

De esta forma, la Corte incide en la importancia del control de convencionalidad. Destaca la importancia de velar porque el efecto útil de la CADH no se vea afectado por la aplicación de leyes contrarias a sus disposiciones, al objeto y fin; asimismo atribuye la responsabilidad de ejercer el control de convencionalidad, entre las normas internas y la CADH, así como la jurisprudencia de la Corte, de oficio a los jueces y órganos vinculados a la administración de justicia en todos los niveles[243] aunque en otras sentencias se refiere en un primer momento a todos los órganos del Estado, incluidos los jueces, para luego seguidamente señalar a los jueces y órganos vinculados a la administración de justicia en todos los niveles, entendiéndose que se refiere a cualquier juez y cualquier órgano vinculado con la administración de justicia[244], como lo ha señalado Mac-Gregor en su voto razonado visto *supra*. Se refiere a normas

---

240 Ídem, párr.143.

241 Corte IDH, Caso Andrade vs. Bolivia, sentencia de 1 de diciembre de 2016 (Fondo, Reparaciones y Costas), párr.93.

242 Corte IDH, Caso Valencia Campos y otros vs. Bolivia, sentencia de 18 de octubre de 2022 (Excepción Preliminar, Fondo, Reparaciones y Costas) párr.316.

243 Corte IDH, Caso Furlán y sus familiares vs. Argentina, sentencia del 31 de agosto de 2012 (Excepciones Preliminares, Fondo, Reparaciones y Costas) párr. 303.

244 Corte IDH, Caso Fontevecchia y D'amico vs. Argentina, sentencia de 29 de noviembre de 2011, (Fondo, Reparación y Costas), párr. 93. Este criterio ha sido reiterado en muchos otros casos, entre ellos: Caso Atala Riffo y niñas vs. Chile, sentencia del 24 de febrero de 2012 (Fondo, Reparaciones y Costas) párr. 282; Caso Liakat Ali Alibux Vs. Surinam, sentencia de 30 de enero de 2014 (Excepciones Preliminares, Fondo, Reparaciones y Costas), párr.124; Caso Dos personas dominicanas y haitianas expulsadas vs. República Dominicana, sentencia de 28 de agosto

en general y no solo a las leyes. Incide en que debe ejercerse en el marco de sus respectivas competencias y de las regulaciones procesales correspondientes y siempre considerando otros presupuestos formales y materiales de admisibilidad y procedencia[245]. Esto último pareciera relativizar su argumento de imposición de ejercer el control de convencionalidad y dar un margen al derecho interno.

La Corte a lo largo de su jurisprudencia ha ido ampliando el alcance del control de convencionalidad, respecto de los tratados y de las personas. Si en un primer momento exigía efectuar un control de convencionalidad respecto de la Convención Americana y la jurisprudencia, a partir del caso masacres del Río Negro amplía el catálogo de tratados que deben conocer todos los órganos del Estado y ejercer un control de convencionalidad entre estos y el derecho interno, es decir, el control de convencionalidad va más allá de la Convención Americana y la jurisprudencia. La Corte señala que "este Tribunal ha establecido en su jurisprudencia que cuando un Estado es parte de tratados internacionales como la Convención Americana sobre Derechos Humanos, la Convención Interamericana sobre Desaparición Forzada de Personas, la Convención Interamericana para Prevenir y Sancionar la Tortura, y la Convención Interamericana para Prevenir, Sancionar y Erradicar la Violencia Contra la Mujer, dichos tratados obligan a todos sus órganos, incluido el poder judicial, cuyos miembros deben velar por que los efectos de las disposiciones de dichos tratados no se vean mermados por la aplicación de normas o interpretaciones contrarias a su objeto y fin. Los jueces y órganos vinculados a la administración de justicia en todos los niveles están en la obligación de ejercer *ex*

---

de 2014 (Excepciones Preliminares, Fondo, Reparaciones y Costas), párr.311.

245 En la misma línea en: Caso, Radilla (2009), ob.cit., párr. 339, Caso Rosendo Cantú (2010), ob.cit., párr. 219; Fernández Ortega y otros (2010), ob.cit., párr.236; Caso Cabrera García y Montiel Flores vs. México (2010), ob.cit., párr.225, caso Liakat Alubux Vs. Surinam (2014), ob.cit., párr. 87; Caso Cuya Lavi vs. Perú, sentencia de 28 de septiembre de 2021, Excepciones preliminares, Fondo, Reparaciones y Costas), párr.206.

officio un 'control de convencionalidad' entre las normas internas y los tratados de derechos humanos de los cuales es Parte el Estado, evidentemente en el marco de sus respectivas competencias y de las regulaciones procesales correspondientes. En esta tarea, los jueces y órganos vinculados a la administración de justicia, como el *ministerio público*, deben tener en cuenta no solamente la Convención Americana y demás instrumentos interamericanos, sino también la interpretación que de estos ha hecho la Corte Interamericana"[246].

Ante esta exigencia, cabe preguntarse si la Corte interamericana puede exigir jurídicamente el cumplimiento de otros tratados que no sea la Convención americana a los Estados que han ratificado solo este instrumento. Recordemos que cada tratado tiene sus órganos o mecanismos de protección, y cada Estado asume de forma diferente la obligación respecto de cada tratado. Ratificar un tratado en el SIDH no implica automáticamente obligarse a todos los tratados del SIDH. Lo cierto es que la Corte, como señala González Domínguez, mediante la interpretación que realiza de la CADH puede ubicar tanto a este instrumento, como a todo el *corpus juris interamericano* por encima del derecho nacional, pero en la práctica esa voluntad se difumina porque no es posible hacerla efectiva. Dependerá del lugar que ocupen estas normas en el derecho interno. Así, no se puede afirmar *a priori* que las normas de Derecho internacional son supremas al derecho nacional[247], y que las autoridades locales tengan la obligación de aplicarlas directamente.

Así, las exigencias de la Corte para cumplir con el control de convencionalidad implican, primero que todas autoridades estata-

---

246 Corte IDH, Caso Masacres de Río Negro Vs. Guatemala, sentencia de 4 de septiembre de 2012 (Excepciones Preliminares, Fondo, Reparaciones y Cotas), párr. 262. En la misma línea en el Caso Gudiel Álvarez y Otros ("Diario Militar") Vs. Guatemala, sentencia de 20 de noviembre de 2012 (Fondo, Reparaciones y Costas), párr.330, Caso Suárez Peralta Vs. Ecuador, sentencia de 21 de mayo de 2013, párr.221.

247 GONZÁLEZ DOMÍNGUEZ, P., "La Relación entre la doctrina del control de convencionalidad y el Derecho nacional", *Revista Mexicana de Derecho Constitucional* N° 38, enero-junio 2018, pp.199-226, p.225.

les incluidos todos los jueces deben ser "super autoridades o super jueces" con capacidad para conocer todo el derecho interno y todo el sistema interamericano, esto es, tratados y jurisprudencia actualizada, se entiende, algo imposible en la práctica; segundo, los Estados que ratificaron la Convención Americana y confirieron la competencia contenciosa a la Corte se han obligado conforme al Derecho internacional y conforme al artículo 1 de la Convención a dar pleno cumplimiento a este tratado y a lo que diga su órgano judicial, pero en ningún caso esto implica automáticamente la obligación del Estado frente a los otros tratados, ni que la Corte tenga competencia automática sobre la interpretación de los mismos. Sin duda, este es un aspecto a esclarecer basado en el principio de soberanía, el principio de la buena fe y la complementariedad del DI, reconocidos internacionalmente y mencionados por la propia Corte interamericana en reiteradas ocasiones.

3. EXIGENCIAS DEL CONTROL DE CONVENCIONALIDAD SEGÚN SU INTERPRETACIÓN EN CASOS ESPECÍFICOS

La Corte en reiterados casos ha insistido en la aplicación por parte de las autoridades judiciales de los criterios o estándares establecidos en su jurisprudencia en ejercicio del control de convencionalidad[248]. En el caso Norín señaló que Chile violó el derecho a recurrir del fallo penal condenatorio que derivó de la actuación de los tribunales judiciales en casos concretos y destaca la importancia de que las autoridades judiciales apliquen los criterios establecidos por la Corte en cuanto al contenido del derecho a recurrir del fallo penal condenatorio, en ejercicio del control de convencionalidad con el objetivo de garantizar este derecho[249].

---

248 Corte IDH, Caso Norín Catrimán y otros vs. Chile, (Dirigentes, miembros y activista del Pueblo Indígena Mapuche) sentencia de 29 de mayo de 2014 (Fondo y Reparaciones), párr. 436.

249 Ídem, párr. 461.

Más tarde, en el caso Mendoza contra Argentina, la Corte amplía la obligación de ejercer el control de convencionalidad al poder ejecutivo. De esta forma todos los órganos de los Estados que son parte de la CADH, incluidos los poderes judicial y ejecutivo, deben velar porque los efectos de las normas de las que forman parte, incluida la Convención Americana, no se vean mermados por la aplicación de normas y/o interpretaciones que resulten contrarias al objeto y fin de las mismas[250]. Reitera que los jueces y órganos vinculados a la administración de justicia, como el fiscal, en todos los niveles deben ejercer de oficio un control de convencionalidad entre las normas internas y los tratados de DDHH de los que los Estados son parte, siempre en el marco de sus respectivas competencias y de las regulaciones correspondientes. En esta tarea, los órganos mencionados no solo deben tener en cuenta la Convención Americana, los demás instrumentos interamericanos, sino también la interpretación que de estos ha hecho la Corte Interamericana[251].

La exigencia del cumplimiento del control de convencionalidad según esta sentencia es para todos los órganos del Estado, incluidos los poderes judicial y ejecutivo, aunque luego precisa que son los jueces y los órganos vinculados a la administración de justicia en todos los niveles, como el ministerio público, los que deben ejercer dicho control. Por otro lado, señala que ese control de convencionalidad incluye a otros instrumentos interamericanos, lo que significa que va más allá de la Convención Americana, es más, se refiere también a la interpretación que la Corte ha realizado de esos otros instrumentos temáticos de la región, que forman parte del denominado *corpus ius interamericano.*

---

250 Corte IDH, Caso Mendoza y Otros vs. Argentina, sentencia de 14 de mayo de 2013 (Excepciones Preliminares, Fondo y Reparaciones), párr. 221. En igual sentido en el Caso Suárez Peralta vs. Ecuador (Excepciones Preliminares, Fondo, Reparaciones y Costas), sentencia de 21 de mayo de 2013, párr.221.

251 Corte IDH, Caso Mendoza y Otros vs. Argentina (2013), ob.cit., párr.221.

En el caso Atala Riffo, al pronunciarse sobre la proscripción de la discriminación por la orientación sexual de la persona conforme al artículo 1.1 de la CADH, manifestó que es necesario, con base en el control de convencionalidad, que las interpretaciones judiciales y administrativas y las garantías judiciales se apliquen adecuándose a los principios establecidos en su jurisprudencia[252]. Meses más tarde, en igual sentido se pronunció en el caso Furlán, sobre la necesidad de tener en cuenta las situaciones de vulnerabilidad de la persona, especialmente cuando se trata de menores de edad o personas con discapacidad, a fin de garantizarle un trato preferencial respecto a la duración de los procesos judiciales y en el marco de los procesos en que se disponga el pago de indemnizaciones ordenadas judicialmente[253]. Así, un Estado que ha ratificado la Convención y ha asumido la competencia contenciosa de la Corte debe ejercer el control de convencionalidad de la CADH, de otros instrumentos interamericanos y de la jurisprudencia de la Corte. Respecto a esta última no ha precisado si ella incluye a las opiniones consultivas. Recordemos que la Corte tiene dos competencias, la contenciosa y la consultiva, además de la adopción de medidas provisionales[254].

La Corte aclara esta situación, justamente en la opinión consultiva 21 donde además de reiterar su jurisprudencia, señala que la CADH, conforme al Derecho internacional, obliga a todos los órganos, incluidos los poderes judicial y legislativo, de los Estados que son Parte de ella, al igual que de otros tratados, a realizar el control de convencionalidad, y la violación por cualquiera de esos órganos genera responsabilidad internacional para ellos[255]. La protección de

---

252 Corte IDH, Caso Atala Riffo vs, Chile (2012), ob.cit., párr. 284.

253 Corte IDH, Caso Furlán y familiares vs. Argentina, sentencia de 31 de agosto de 2012 (Excepciones preliminares, Fondo, Reparaciones y Costas), párr,305.

254 Sobre Sistema Interamericano véase: QUISPE REMÓN, F., Los Derechos Humanos en el Sistema Interamericano de Derechos Humanos, Tirant lo Blanch, 2018, pp.100.

255 Corte IDH, Derechos y garantías de niños y niñas en el contexto de la migración y/o en necesidad de protección internacional. Opinión Consultiva OC-21/14 de 19 de agosto de 2014, párr.31.

los DDHH en la región latinoamericana exige acciones en múltiples niveles, donde los poderes legislativos que son co-intérpretes de la CADH, están llamados a ser actores centrales, por cuanto el lenguaje y la aplicación de los derechos no son solo de los poderes judiciales[256].

En palabras de la Corte, las opiniones consultivas, junto a su competencia contenciosa, comparten el propósito del SIDH, que es la protección de los derechos fundamentales de los seres humanos. "A su vez, a partir de la norma convencional interpretada a través de la emisión de una opinión consultiva, todos los órganos de los Estados Miembros de la OEA, incluyendo a los que no son Parte de la Convención, pero que se han obligado a respetar los DDHH en virtud de la Carta de la OEA (artículo 3.I) y la Carta Democrática Interamericana (artículos 3,7,8,9), cuentan con una fuente que, acorde a su propia naturaleza, contribuye también y especialmente de manera preventiva, a lograr el eficaz respeto y garantía de los DDHH y, en particular, constituye una guía a ser utilizada para resolver las cuestiones sobre infancia en el contexto de la migración y así evitar eventuales vulneraciones de derechos humanos"[257]. En el ámbito americano la función consultiva, a diferencia de los otros sistemas de protección de los DDHH, juega un papel importante en la protección de los DDHH y es una herramienta indispensable y muy utilizada por los Estados y por la Comisión, además de ser un ámbito en el que la Corte Interamericana se desenvuelve con soltura, brindándonos amplias y magnificas interpretaciones *pro homini.* Al fin y al cabo, como señala la Corte, esta función consultiva tiene como principal propósito "obtener una interpretación judicial sobre una o varias disposiciones de la Convención o de otros tratados concernientes a la protección de los derechos humanos en los Estados americanos.

---

256 HERRERA, J. Y FUCHS, M.C., Control de convencionalidad en los Parlamentos de los Estados Parte del Sistema Interamericano de Derechos Humanos, Konrad Adenauer Stiftung, Programa Estado de Derecho para Latinoamérica, Bogotá, Colombia, 2021, pp.48, p.1.

257 Corte IDH, Opinión Consultiva OC-21/14..., ob.cit., párr.31.

En este orden de ideas, para la Corte, las Opiniones Consultivas cumplen, en alguna medida, la función propia de un control de convencionalidad preventivo"[258].

Se advierte de esta opinión la ampliación de la Corte sobre el ejercicio del control de convencionalidad al poder legislativo, además del judicial y ejecutivo ya mencionado en decisiones anteriores, es decir, visto así deben ejercer el control de convencionalidad todos los poderes del Estado. Asimismo, destaca que ambas competencias van orientadas a la mejor protección de los derechos fundamentales de las personas, y en este contexto contribuye a que todos los Estados de la OEA protejan mejor los DDHH y tengan como guía estas opiniones. Así, todos los poderes del Estado que forme parte de la OEA están en la obligación de realizar el control de convencionalidad de las opiniones consultivas, vinculantes para los órganos públicos. Este criterio ha sido reiterado en la opinión consultiva 25 donde indicó la necesidad de que los diversos órganos del Estado realicen el correspondiente control de convencionalidad[259]. En este contexto no podemos dejar de mencionar, que ¿de ser efectivamente así, EEUU también estaría en la obligación de ejercer el control de convencionalidad, pero esto nos lleva a otra pregunta, ¿quién exigiría ese control de convencionalidad? Recordemos que EEUU no ha ratificado la CADH ni ha asumido la competencia contenciosa de la Corte interamericana.

---

258 Corte IDH, Titularidad de derechos de las personas jurídicas en el Sistema Interamericano de Derechos Humanos (Interpretación y alcance del artículo 1.2 en relación con los artículos 1.1, 8, 11.2,13,16, 21,24,25,29,30,44,46 y 62.3 de la Convención Americana sobre Derechos Humanos, así como del artículo 8.1 A y B del Protocolo de San Salvador. Opinión Consultiva OC-22/16 de 26 de febrero de 2016, párr. 26.

259 Corte IDH, La institución del asilo y su reconocimiento como derecho humano en el Sistema Interamericano de protección (interpretación y alcance de los artículos 5, 22.7, y 22.8, en relación con el artículo 1.1 de la Convención Americana sobre Derechos Humanos. Opinión Consultiva OC-25/18 de 30 de mayo de 2018, párr. 58.

A través de esta opinión conocemos que su alcance y relevancia jurídica va más allá de los Estados Partes de la CADH; abarca también a los Estados Partes de la OEA, que han adoptado la Declaración Americana, al margen de, que hayan o no ratificado la CADH y que hayan asumido o no la competencia de la Corte.

Meses después de la sentencia en el caso Mendoza donde incluye al poder ejecutivo, la Corte reitera su jurisprudencia respecto al control de convencionalidad, señalando los mismos rasgos que caracterizan a esta figura, es decir, deben ejercer de oficio un control de convencionalidad entre las normas internas y la Convención, los otros tratados y la jurisprudencia, todos los órganos del Estado, incluidos sus jueces, en el marco de sus competencias y regulaciones procesales. Así, todos los jueces y los órganos vinculados a la administración de justicia en todos los niveles deben tener en cuenta no solo el tratado, sino también la jurisprudencia de la Corte[260]. De este modo, en el caso Maidanik señaló que debían efectuar un adecuado control de convencionalidad que considere la imprescriptibilidad de los crímenes constitutivos de graves violaciones de DDHH cometidos durante la dictadura militar, conforme al Derecho internacional. Llama la atención la puntualización que realiza en este caso, al señalar que "la Corte no supervisará estas acciones"[261].

Según la jurisprudencia, todas las autoridades y órganos de un Estado Parte en la CADH, en el ámbito de sus competencias, tienen la obligación de ejercer un control de convencionalidad[262], inclui-

---

260 Corte IDH, Caso de personas dominicanas y haitianas expulsadas (2014), ob.cit., párr. 311; Caso Azul Rojas Marín y Otra vs. Perú, sentencia de 12 de marzo de 2020, (Excepciones Preliminares, Fondo, Reparaciones y Costas), párr. 269. Reiterado últimamente en el Caso Maidanik y Otros vs. Uruguay, sentencia de 15 de noviembre de 2021 (Fondo y Reparaciones), párr. 251.

261 Caso Maidak (2021), ob.cit., párr.252.

262 Caso de Personas Dominicanas y Haitianas Expulsadas…, ob.cit., párr.471.

dos, los órganos judiciales[263]. Es decir, "todos los poderes del Estado (Ejecutivo, Legislativo, Judicial u otras ramas del poder público) y otras autoridades públicas o estatales, de cualquier nivel, incluyendo a los más altos tribunales de justicia de los mismos, tienen el deber de cumplir de buena fe con el derecho internacional"[264]. Así, para la Corte, el control de convencionalidad "es una obligación propia de todo poder, órgano o autoridad del Estado Parte en la Convención", en ellos recae el control de que los DDHH de todas las personas que se encuentren bajo su jurisdicción sean respetados y garantizados[265]. Es irreal en la práctica exigir el ejercicio del control de convencionalidad a cualquier funcionario público, sin tener en cuenta, entre otros, su formación y conocimiento en materia de DDHH, cuya labor recae en el derecho interno.

Entre las sentencias analizadas no encontramos que la Corte haga una distinción entre los Estados que hayan otorgado un rango constitucional o no a los tratados de los DDHH, por cuanto, como señala González Domínguez, la recepción del control de convencionalidad será diferente en cada Estado parte de la CADH, "pues existen legítimas diferencias en la manera en que los Estados reconocen competencia a sus autoridades (especialmente a sus jueces), porque existen diferentes niveles de reconocimiento del *corpus juris interamericano* en el derecho nacional de los Estados (algunos le reconocen grado supraconstitucional a las normas internacionales de derechos humanos, pero otros no), y porque existen distintos niveles de protección de los derechos humanos en el ámbito interno"[266].

Pero lo que sí hace la Corte es observar, de la obligación de los Estados de ejercer el control de convencionalidad, dos diferentes manifestaciones, dependiendo si la sentencia ha sido dictada en

---

263 Cfr. Caso Maidanik (2012), ob.cit., párr.252.

264 Corte IDH, Caso Gelman vs. Uruguay, Declaración de Supervisión (2013) ob.cit, párr.59.

265 Corte IDH, Caso Urrutia Laubreaux vs. Chile (2020), ob.cit., párr.93.

266 GONZÁLEZ DOMÍNGUEZ, P., "La Relación entre la doctrina del control de convencionalidad y el Derecho nacional", ... ob.cit., p.225.

un caso en el cual el Estado ha sido parte o no, ya que la norma convencional interpretada y aplicada adquiere distinta vinculación dependiendo si el Estado fue parte material o no en el proceso internacional.

Respecto a la primera manifestación del control de convencionalidad, en la que un Estado ha sido parte, la Corte dice, si existe una sentencia internacional dictada con carácter de cosa juzgada contra un Estado que ha sido parte en un caso, todos sus órganos, incluidos jueces y órganos vinculados a la administración de justicia están sometidos al tratado y a la sentencia de la Corte, y esto les obliga a velar para que los efectos de las disposiciones de la CADH, y consecuentemente, las disposiciones de la Corte, no se vean mermados por la aplicación de normas contrarias a su objeto y fin o por decisiones judiciales o administrativas que hagan ilusorio el cumplimiento total o parcial de la sentencia. Afirma que en este supuesto se está en presencia de *cosa juzgada internacional*, razón por la que el Estado está en la obligación de cumplir y aplicar la sentencia. Así, para la Corte cuando existe cosa juzgada internacional "se trata simplemente de emplearlo para dar cumplimiento en su integridad y de buena fe a lo ordenado en la Sentencia dictada por la Corte en el caso concreto, por lo que sería incongruente utilizar esa herramienta como justificación para dejar de cumplir con la misma..."[267]. De esta forma la Corte deja establecido que sus sentencias son vinculantes y producen el efecto de cosa juzgada. Esta decisión ha sido materia de discusión también, por cuanto en la CADH no encontramos una disposición "que secunde el carácter vinculante que la Corte otorga a sus propias sentencias. Asimismo, los escasos fundamentos jurídicos que se desprenden de la propia jurisprudencia resultan equívocos o insuficientes para sostener tal pretensión, esto no comporta inutilidad de sus sentencias, sino estricto orden que les corresponde

---

267 Corte IDH, Resolución de Supervisión en el caso Gelman (2013), ob.cit., párr. 68.

según la naturaleza jurídica que poseen"[268]. Hitters reconoce que el tema es discutible, pero sí cree que los fallos de la Corte tienen valor *erga omnes* por cuanto el incumplimiento de los tratados y las directivas de la Comisión y la Corte imponen a la postre, la responsabilidad del Estado en cualquiera de sus tres poderes[269].

Respecto a la segunda manifestación, en situaciones y casos donde el Estado no ha sido parte en el proceso y se estableció cierta jurisprudencia, por el solo hecho de ser parte en la CADH, todas sus autoridades públicas y todo sus órganos, incluidas las instancias democráticas, jueces y demás órganos vinculados a la administración de justicia en todos los niveles están obligados por el tratado, en el marco de sus competencia y de regulaciones procesales correspondiente, a ejercer el control de convencionalidad, tanto en la aplicación de normas, en cuanto a su validez y compatibilidad con la CADH, como en la determinación, juzgamiento y resolución de resoluciones particulares y casos concretos, teniendo en cuenta el propio Tratado y, según corresponda, los precedentes o lineamientos jurisprudenciales[270]. Por otro lado, la Corte reitera la importancia del principio de complementariedad y la íntima relación de este con el control de convencionalidad. Siendo este el panorama, no queda duda de que el ejercicio del control de convencionalidad engloba a todas la autoridades públicas, aunque en la resolución de supervisión en el caso Gelman en el 2013 señaló la íntima relación existente entre el principio de complementariedad y el control de convencionalidad, "en virtud del cual la responsabilidad estatal bajo la Convención solo puede ser exigida a nivel internacional

---

268 TELLO MENDOZA, J., La doctrina del control de convencionalidad: dificultades inherentes y críticas razonables para su aplicación, *Prudentia Iuris* Nº 80, 2015, pp.197-220, p. 214.

269 HITTERS, J.C., "¿Son vinculantes los pronunciamientos de la Comisión y de la Corte Interamericana de Derechos Humanos? (control de constitucionalidad y convencionalidad)", p. 154. En https://www.corteidh.or.cr/tablas/r25295.pdf

270 Corte IDH, Resolución de Supervisión en el caso Gelman, 2013, párr. 65. Recogido posteriormente en otras sentencias, entre ellas en el caso Urrutia Laubreaux vs. Chile (2020), ob. cit., párr.69.

después de que el Estado haya tenido la oportunidad de declarar la violación y reparar el daño ocasionado por sus propios medios"[271]. Así, la actuación complementaria de la Corte queda clara y el papel del Estado, determinante para una adecuada protección de los derechos humanos, conforme al artículo 2 de la CADH.

No obstante, al desarrollo amplio del control de convencionalidad, recién en el 2013 en la resolución de supervisión en el caso Gelman, mencionada previamente, la Corte da un concepto y lo concibe "como una institución que se utiliza para aplicar el Derecho Internacional, en este caso el Derecho Internacional de los Derechos Humanos, y específicamente la Convención Americana y sus fuentes, incluyendo la jurisprudencia de este Tribunal"[272].

Como es de observar a lo largo de los diecisiete años que ha venido haciendo uso de la figura conocida como control de convencionalidad, se advierte que no hay un criterio uniforme en la jurisprudencia, pero sí una evolución a pasos agigantados de la exigencia del control de convencionalidad respecto de diversos instrumentos internacionales americanos, más allá de la CADH, así como respecto de las personas que deben ejercer un control de convencionalidad en el derecho interno, lo que en otras circunstancias sería materia de felicitación por su progresividad, en este caso, no sería lo más adecuado por cuanto se trata de una exigencia interesante en el "papel", pero irreal en la práctica, que además va más allá de las obligaciones jurídicas adquiridas por los Estados. Se suma a ello la falta de solidez en su argumentación jurídica para dicha aplicación.

El cumplimiento de los tratados internacionales, sin duda, es de la más alta importancia y ésta adquiere aún mayor relevancia si se trata de tratados de DDHH. Pero la eficacia de los mismos no se mide ni por los derechos recogidos en ellos, ni por la interpretación progresiva de los órganos de protección, sino por su

---

271 Ídem, párr. 70.

272 Corte IDH, Resolución de Supervisión en el caso Gelman, 2013, párr. 65. Recogido posteriormente en otras sentencias, entre ellas en el caso Urrutia Laubreaux vs. Chile (2020), ob. cit., párr.93.

cumplimiento efectivo en el derecho interno y en este contexto, el Estado es el encargado de garantizar los DDHH de todos aquellos que se encuentran bajo su jurisdicción. Por ello, como señala Vio Grossi, "en lo que se refiere a los derechos humanos, transformar por vía jurisprudencial el control de convencionalidad en un instrumento más acorde con la supranacionalidad, en donde, por tanto, se produciría una transferencia de competencias de la esfera nacional a la internacional, dejando la primera de tenerla en beneficio de la segunda y, consecuentemente, siendo efectivamente vinculante de manera directa en el orden interno lo dispuesto en el internacional, implicaría que la jurisdicción interamericana no sería coadyuvante o complementaria de la interna, sino sustitutiva de la misma o una 'cuarta instancia'"[273]. El control de convencionalidad, en su versión más radical, cambia este principio tradicional y aceptado, exigiendo que la Convención opere no solo de forma complementaria sino de manera concurrente al más alto nivel del sistema legal nacional, convirtiéndose el instrumento interamericano en parte integral de los ordenamientos jurídicos internos en el nivel más alto posible, al que Dulitzky denomina principio de integración[274] o principio de integralidad[275].

Por otro lado, si los órganos internacionales, judiciales o no, exigen situaciones irrealizables, en la práctica probablemente estemos hablando de papel mojado que nada o poco tiene que ver con el goce efectivo de los DDHH. Como es de observar, la Corte ha ido ampliando la lista de todos aquellos que deben ejercer un control de convencionalidad, como parte de la obligación estatal. Al fin y al cabo, se trata de una figura cuyo origen y desarrollo es

---

273 VIO GROSSI, E., "Jurisprudencia de la Corte Interamericana de Derechos Humanos: ¿del control de convencionalidad a la supranacionalidad?, ob.cit., p. 109.

274 DULITZKY, A., An Inter-American Constitutional Court? The invention of the Conventionality Control by Inter-American Court of Human Rights, Texas International Law Journal, 2015, Vol.40, Issue 1., p. 54.

275 DULITZKY, A. *Derechos Humanos en Latinoamérica y el sistema interamericano,* ob.cit. 342.

en el marco de la jurisprudencia por cuanto la Convención Americana, tratado principal del sistema interamericano, no hace referencia alguna a esta nueva figura. Como bien señala la Corte, este tratado no impone un modelo específico para llevar a cabo un control de constitucionalidad y convencionalidad[276]. Los Estados que ratificaron la Convención asumían las obligaciones establecidas en el tratado y como mucho la interpretación que realizaría del mismo su órgano de protección. Asumieron conforme al artículo 2 adoptar disposiciones a nivel interno para garantizar los derechos recogidos en la CADH, si aún no estuvieran garantizados y a cumplir con la jurisprudencia del órgano judicial del sistema. Es cierto que esto último no ha sido taxativamente establecido en la CADH, pero al asumir la competencia de la Corte, se entiende que también debe incorporar la jurisprudencia que de ella emana porque reconocen que sus decisiones son de carácter obligatorio. Lo cierto es que la Corte puede activar su competencia de manera complementaria, después de las gestiones a nivel interno, cuando se haya violado una obligación prevista en la Convención, incurriendo entonces en responsabilidad internacional, la que se pretende hacer efectiva precisamente accionando ante la jurisprudencia interamericana[277] y como señala el artículo 63.1 de la CADH, la Corte, cuando decida que hubo violación de un derecho o libertad protegido en la CADH, dispondrá que se garantice al lesionado en el goce de su derecho o libertad conculcados. Asimismo, dispondrá, si ello fuera procedente, que se reparen las consecuencias de la medida o situación que ha configurado la vulneración de esos derechos y el pago de una justa indemnización a la parte lesionada. "Esta última disposición no indica que la Corte, una vez que ha comprobado la violación de una obligación establecida en la Convención, garantice el goce del derecho conculcado, que repare las consecuencias de la violación del respecti-

---

276 Corte IDH, Caso Liakat Ali Alibux, ob.cit., párr.124.

277 VIO GROSSI, E., "Jurisprudencia de la Corte Interamericana de Derechos Humanos: ¿del control de convencionalidad a la supranacionalidad?, ob.cit., p. 101.

vo derecho o que pague la indemnización que corresponda; sino que expresa que, en tal eventualidad, debe disponer que todo ello se lleve a cabo por el Estado parte en la correspondiente causa"[278].

Si diéramos por válida la aplicación del control de convencionalidad, como lo viene haciendo la Corte, y si se quiere exigir el control de convencionalidad desde la Corte interamericana, sería imprescindible exigir al Estado, a través de sus sentencias, la capacitación y/o sensibilización de los órganos judiciales y otros órganos directamente vinculados con la protección de los DDHH sobre el sistema interamericano de DDHH, en constante evolución, y promover acciones de promoción y difusión de los DDHH, aunque ésta no es su función. Solo así, se podría garantizar el control de convencionalidad por parte de los distintos poderes y órganos del Estado. La Corte debe asegurarse del cumplimiento de esa capacitación antes de exigir a "todo el mundo" el ejercicio de un control de convencionalidad respecto del *corpus iuris interamericano.* Un funcionario puede cometer violaciones a los DDHH por desconocimiento y esto sería responsabilidad del Estado a nivel internacional, además de la responsabilidad a nivel interno del funcionario que no ha tenido la oportunidad de conocer el SIDH para aplicar a nivel interno. Por otro lado, no se debe perder de vista que el funcionario nacional está obligado a cumplir su derecho interno y no se le puede exigir el cumplimiento de normas internacionales, aun no incorporadas en el derecho interno, por más que el mandato venga de la Corte interamericana.

Como mencionamos *supra*, una forma de contribuir para que las autoridades nacionales conozcan el sistema interamericano es a través de sus sentencias en las que ha identificado a algunos agentes estatales como responsables de violaciones a los DDHH y ha ordenado al Estado la capacitación a los mismos en materia de DDHH. Pero la Corte no solo exige la aplicación del control de convencionalidad a estos agentes identificados, sino a todas las autoridades, lo que significa que la capacitación mencionada debería ampliarse a todos los poderes del Estado y órganos a los que la Corte se ha referido en los

---

278 Ibidem

casos mencionados anteriormente. Sin duda, es un reto muy grande y no realista. A ello se suma, que la Corte no establece el o los mecanismos que deben usar las autoridades nacionales, en todos los rincones de su país para realizar el control de convencionalidad, es decir, el cómo realizar el control de convencionalidad, por cuanto se entiende que requieren un marco jurídico que les permite realizar tal labor, una norma de habilitación que le dé la posibilidad de aplicar el control de convencionalidad, ya que el ejercicio de un control en un Estado de Derecho debe estar sustentado por una norma jurídica[279]. A lo mejor, podría al igual que el TEDH, hacer uso del mecanismo conocido como "caso piloto" en el que le indica al Estado el tipo de medida correctiva necesaria que debe adoptar[280].

Hasta ahora, la Corte ha considerado, con razón, a la educación en materia de DDHH como la base para generar garantías de no repetición y en muchos casos así lo ha manifestado. En el caso Gutiérrez, teniendo en cuenta las violaciones a los DDHH cometidos por los agentes estatales y la impunidad imperante, or-

---

279 GUTIÉRREZ RAMÍREZ, L.M., Control de constitucionalidad y control de convencionalidad: interacción, confusión y autonomía. Reflexiones desde la experiencia francesa", Instituto Interamericano de Derechos Humanos, Nº 64, 2016, pp. 239-264, p.244.

280 Llamado también sistémicos. Es un procedimiento para dar respuesta a la llegada ingente de demandas al TEDH como consecuencia de problemas estructurales de los Estados donde el tribunal invita al Gobierno condenado a adoptar su legislación al CEDH, indicándole, de modo general, las medidas a adoptar. Su primera aplicación en el caso Broniowski vs. Polonia (2004). Puede verse más en: ABRISKETA URIARTE, J., "Las sentencias piloto: el Tribunal Europeo de Derechos Humanos, de Juez a Legislador" REDI, Vol. LXV 1 2013, pp.73-99; BUYSE, A. "Flying or landing? The pilot judgment procedure in the changing European human rights architecture". En O.MJÖLL ARNARDÓTTIR y O. BUYSE (eds). Shifting Centres of Gravity in Human Rights Protection. Rethinking Relations between the ECHR, EU, and National Legal Orders, London: Routledge, 2006, pp. 101-115; QUERALT JIMÉNEZ, A., "Las sentencias piloto como ejemplo paradigmático de la transformación del Tribunal Europeo de Derechos Humanos", Teoría y realidad constitucional, Nº 42, 2018, pp.395-424.

denó al Estado argentino la incorporación "a los currículos de formación o planes de estudio de la Policía Federal Argentina y de la Policía de la Provincia de Buenos Aires, así como de la Policía Judicial de dicha Provincia, en un plazo razonable y con la respectiva disposición presupuestaria, cursos de capacitación sobre las obligaciones de respeto y garantía de los derechos humanos, particularmente el derecho a la vida y sobre la obligación de investigar con la debida diligencia y la tutela judicial efectiva, así como el control de convencionalidad, refiriéndose a este caso y a esta sentencia"[281], sin perjuicio de los programas de capacitación en materia de DDHH que ya existen en Argentina. Un año después en el caso Rochac Hernández, vuelve a pedir al Estado la implementación, en un tiempo razonable, de programas permanentes de DDHH orientados a policías, fiscales, jueces y militares, así como a funcionarios encargados de la atención a familiares y víctimas de desaparición forzada, "en los cuales se incluya el tema de los derechos humanos de niñas y niños desaparecidos durante el conflicto armado interno y del sistema interamericano de protección de los derechos humanos, así como del control de convencionalidad"[282]. En el caso Osorio Rivera, la Corte deja constancia de que ya anteriormente había ordenado al Estado peruano la realización de cursos de capacitación permanentes en DDHH a miembros de las Fuerzas Armadas (FFAA) y policiales, pero que no se han cumplido a cabalidad; y dada la importancia de la educación en materia de DDHH a las FFAA para generar garantías de no repetición de hechos similares a este caso, ordena al Estado la implementación de programas permanentes de DDHH y Derecho Internacional Humanitario (DIH), en un plazo razonable, en las escuelas de formación de las FFAA, "incluyendo específicamente cuestiones de desaparición forzada de personas y

[281] Corte IDH, Caso Gutiérrez y familia vs. Argentina, sentencia de 25 de noviembre de 2013 (Fondo, Reparaciones y Costas), párr. 10.

[282] Corte IDH, Caso Rochac Hernández y Otros vs. El Salvador, sentencia de 14 de octubre de 2014 (Fondo, Reparaciones y Costas), párr.244.

control de convencionalidad"[283]. Sin duda, la exigencia al Estado de instruir a las autoridades públicas, resulta imprescindible para ejercer una adecuada protección a los DDHH, en primer lugar, y para poder exigir, si procediera, el ejercicio del control de convencionalidad, en segundo lugar.

Sabemos que los Estados deben dar pleno cumplimiento a las sentencias emanadas de la Corte Interamericana porque han asumido de manera voluntaria la competencia de este órgano judicial y se han comprometido a cumplir las decisiones de la Corte, pero lamentablemente la práctica nos muestra otra situación. En el caso Rochac, la Corte señaló que cuando se trata de violaciones graves a los DDHH y en delitos continuados como la desaparición forzada, el Estado no debe hacer uso de figuras como la amnistía ni ninguna otra disposición, ya sea para beneficiar a los autores o para excusarse de su obligación. En esta línea, respecto a la Ley de Amnistía para la consolidación de la Paz adoptada por El Salvador en 1993, la Corte ya se había pronunciado en el caso Mozote dos años antes, indicando al Estado que debe asegurar que esta Ley no vuelva a representar un obstáculo para la investigación de los hechos ni para la identificación, juzgamiento y eventual sanción de los responsables de los mismos y de otras graves violaciones de DDHH similares que se llevaron a cabo durante el conflicto armado en El Salvador. Dejó dicho que esta obligación vincula a todos los poderes y órganos del Estado en su conjunto, "los cuales se encuentran obligados a ejercer un 'control de convencionalidad' *ex officio* entre las normas internas y la Convención Americana, evidentemente en el marco de sus respectivas competencias y de las regulaciones procesales correspondientes. Por ello, en este caso, la Corte no considera pertinente ordenar de nuevo la medida de reparación sobre la adecuación normativa solicitada en relación con la Ley de Amnistía mencionada, pero sí deja dicho que el cumplimiento de dicha orden sigue siendo evaluada en la etapa

---

283 Corte IDH, Caso Osorio Rivera y Familiares vs. Perú, sentencia de 26 de noviembre de 2013 (Excepciones Preliminares, Fondo, Reparaciones y Cotas), párr. 274.

de supervisión de cumplimiento y reitera su inaplicabilidad a la investigación de hechos como el del caso Rochac[284].

En el caso Cuya Lavy de septiembre de 2021, el Estado peruano mantiene la prohibición de que los magistrados no ratificados puedan reingresar al Poder Judicial y al Ministerio Público a pesar de que el Tribunal Constitucional en 2006 ya había señalado que no se puede impedir de ninguna forma el derecho de los magistrados no ratificados de postular nuevamente, por cuanto la no ratificación no puede ser un impedimento para reingresar a la carrera judicial. En este contexto, señala la necesidad de que el Estado adopte las medidas legislativas o de otro carácter para adecuar su ordenamiento interno a las exigencias de la CADH, respecto al tema planteado y a la posibilidad de recurrir las decisiones mediante las cuales se determine la no ratificación de un magistrado. Las mismas deben realizarse en un plazo razonable, pero mientras esto sucede, dice la Corte, las autoridades estatales están en la obligación de ejercer de oficio un control de convencionalidad entre las normas internas y la CADH, en el marco de sus respectivas competencias y de las regulaciones procesales correspondientes y deben tener en cuenta la Convención y la jurisprudencia[285].

La Corte sigue "exigiendo" el ejercicio o la aplicación del control de convencionalidad a todas las autoridades estatales/públicas y en este caso antes o de forma paralela a la modificación de la norma interna. Esto implica que las autoridades estatales deben desoír sus normas internas que aún están en proceso de cambio para ejercer el control de convencionalidad. En este contexto cabe preguntarse ¿es posible sancionar, dependiendo de los intereses,

---

284 Caso Rochac (2014) ob.cit., párrs. 212 y 213.

285 Sentencia caso Cuyo Lavy (2021), ob.cit., párrs. 205-206. En igual sentido, en el Caso Barbosa de Souza y otros vs. Brasil, sentencia de 7 de septiembre de 2021 (Excepciones Preliminares, Fondo, Reparaciones y Costas), párr.204. Caso Pavez Pavez vs. Chile, sentencia de 4 de febrero de 2022 (Fondo, Reparaciones y Costas), párr. 156; Caso Ríos Ávalos y otros vs. Paraguay, sentencia de 19 de agosto de 2021 (Fondo Reparaciones y Costas) párr.198.

a las autoridades que no aplican el derecho vigente, aunque esté en proceso de cambio? ¿todas las autoridades estatales conocen el contenido de la CADH y la jurisprudencia de la Corte? ¿el Estado se ha asegurado de que sus autoridades conozcan adecuadamente el sistema interamericano? Sin duda, la exigencia de la Corte es peligrosa porque primero la autoridad que aplica el control de convencionalidad estaría yendo contra la norma interna, aunque ésta esté en proceso de cambio y, segundo, la autoridad se vería en un dilema, que no le corresponde, y podría ser sancionada por su actuación a nivel interno por incumplir una norma interna vigente. En este caso, ¿la autoridad, desempeñe la función que desempeñe, debe aplicar el control de convencionalidad? ¿debe "obedecer" a la Corte interamericana que exige el control de convencionalidad o debe aplicar la norma interna? Sin duda, es una figura que viene generando problemas, por cuanto no tiene una base legal ni ha sido aceptada por los Estados al momento de ratificar la CADH. Todo se ha venido haciendo sobre la marcha.

La Corte viene reiterando desde su primera sentencia en la que menciona el control de convencionalidad hasta una de sus últimas sentencias de 2021 que el control de convencionalidad configura una institución útil para la aplicación del Derecho internacional, específicamente del DIDH, de la CADH y su jurisprudencia. De esta forma esta figura se convierte en la función de todas las autoridades públicas, quienes están obligadas a controlar y asegurar de oficio que los DDHH sean garantizados y respetados, evitando la formulación o aplicación de normas que los vulneren. Esto exige, además, dice la Corte, una interpretación conjunta del Derecho interno y el Derecho internacional con el objetivo de privilegiar lo que resulte más favorable a la protección de aquellos. Todo esto en el marco de sus competencias y de las regulaciones procesales que correspondan. Así, reitera que "un adecuado control de convencionalidad a nivel interno fortalece la complementariedad del sistema interamericano y la eficacia de la Convención"[286]. Sin duda, es importante la existencia de una relación coordinada entre la Corte y los Estados para una mejor protección de los seres humanos, pero los encargados y obligados de proteger los DDHH en primer término son los Estados y la actuación de la Corte es complementaria.

En este contexto se debe tener en cuenta también que en el continente americano no existe una Corte permanente de DDHH que tenga la capacidad de realizar un seguimiento constante a todas las autoridades de todos los rincones de un Estado parte, por más que esa sea la voluntad de la Corte y esto limita su capacidad de actuación y vigilancia. Haría falta la creación de un órgano independiente para hacer seguimiento al cumplimiento de las sentencias de la Corte Interamericana y vigilar el ejercicio del control de convencionalidad del *corpus ius interamericano* por parte de miles de autoridades de los Estados parte. La Corte falla aproximadamente 25 casos por año. Resulta absolutamente imposible que pueda supervigilar a los miles y miles de fallos que se emiten en todo el continente[287]. Resulta indispensable, no para hacer seguimiento al control de convencionalidad, misión imposible, sino para hacer seguimiento al cumplimiento de las sentencias conforme a la Convención Americana, emitidas por la Corte, la creación de un órgano político, al igual que en el ámbito europeo. Esto contribuiría a fortalecer el Sistema interamericano de Derechos Humanos.

El fundamento jurídico de la Corte para aplicar el control de convencionalidad son los artículos 1 y 2 de la CADH, además del artículo 29, y los artículos 26 y 27 de la CV69, aunque hay autores que encuentran esta competencia, que la consideran inherente,

---

286 Corte IDH, Caso Familia Julien Grisonas vs. Argentina, sentencia de 23 de septiembre de 2021 (Excepciones Preliminares, Fondo, Reparaciones y Costas), párr. 193.

287 SILVA ABOTT, M., ¿Es realmente viable el control de convencionalidad?, Revista Chilena de Derecho, Vol.45, N° 3, Santiago, 2018, pp. 717-744, p. 731, en igual sentido DULITZKY, A., Control de convencionalidad en: https://www.youtube.com/watch?v=wcmLmF9NKOU, 23 de agosto de 2018

además en otros artículos 1.1, 2, 63, 67 y 68.1 de la Convención Americana y de los numerales 31, 32, 42, 65 y 67 del reglamento de la Corte y el artículo 1 del Estatuto de la Corte interamericana[288]. Para Rey Cantor, que sigue a Cançado Trindade, la Corte tiene poder *inherente* para determinar el alcance de su propia competencia y para hacer el control de convencionalidad sobre el derecho interno en ejercicio de la tutela judicial internacional de los DDHH[289]. Su fundamento jurídico de la nueva competencia de la corte, el control de convencionalidad, está en los artículos 2, 33, y 62.1 de la Convención Americana[290]. Así, en palabras de González Domínguez, la creación de esta doctrina y cada uno de sus componentes técnicos es el resultado de una interpretación progresiva e innovadora de dichos artículos y, por lo tanto, sus orígenes son el resultado del acuerdo de los jueces, y no del acuerdo de los Estados–para resolver el problema que representa la aplicación de leyes anti convencionales que producen violaciones a los derechos humanos[291].

Lo cierto es que, de los artículos de la Convención Americana, analizados en la primera parte, que la Corte utiliza como fundamento jurídico para introducir el control de convencionalidad, advertimos que éstos no brindan dicha potestad, ni constituyen un argumento sólido para su aplicación. Por ello, es amplia la objeción al control de convencionalidad basada en el Derecho internacional positivo. González Domínguez engloba las objeciones en tres partes:

---

288 MIRANDA BONILLA, ob.cit., p. 151.

289 REY CANTOR, E., Control e Convencionalidad de las Leyes y Derechos Humanos…ob.cit., p.42. En la misma línea AYALA CORAO, C., *Del diálogo jurisprudencial al control de convencionalidad, Editorial jurídica venezolana,* Caracas 2012, pp.295, ALBANESE S., (Coord.) El Control de Convencionalidad, Ediar, 2008, pp.288, ALBANESE, S., “El control de convencionalidad. La Corte Interamericana y la Corte Suprema. Convergencias y Divergencias”. Jurisprudencia Argentina, Buenos Aires, 2007.

290 REY CANTOR (2008), ob.cit., Ídem, p.43.

291 GONZÁLEZ-DOMÍNGUEZ, P., *The Doctrine of Conventionality Control, Between Uniformity and Legal Pluralism in the Inter-American Human Rights System,* Intersentia, Cambridge, UK, pp.270, p121.

- primero, en la *"anti-convencionalidad"* basada en la soberanía de los Estados como componente esencial del art. 2 y la distinción entre "obligaciones de conducta específica" y "obligaciones de resultados" como herramientas para entender este artículo;
- segundo en *la interpretación problemática de la CV69*, artículos 26 y 27 que muestra la (in)compatibilidad entre la Doctrina del control de convencionalidad y la CV69; y
- tercero en *el problema de los orígenes jurisprudenciales* de la doctrina del control de convencionalidad y dentro de esta, la obligación no "convencional" de seguir la jurisprudencia de la Corte IDH más allá de un caso en el que un Estado es parte en la controversia, esto genera el problema de legitimidad en la posición de la Corte[292].

Teniendo en cuenta estos aspectos, entre otros, la Corte y los estudios favorables, no establece una base teórica coherente para la *res interpretata* de su jurisprudencia, y su aplicación "presenta dos problemas, uno las inconsistencias teóricas y el probable riesgo/efecto sobre el estado de derecho y las democracias constitucionales"[293].

Por otro lado, se advierte en la aplicación de esta figura, cuando la Corte exige a los órganos del Estado la aplicación de la Convención americana, u otros instrumentos del SIDH, incluida su jurisprudencia, sin tener en cuenta la legislación interna, la supremacía de los tratados internacionales sobre el derecho interno.

---

292 GONZÁLEZ-DOMÍNGUEZ, P., The Doctrine of Conventionality Control, Between Uniformity and Legal Pluralism in the Inter-American Human Rights System, Intersentia, Cambridge, UK, 2018, pp.270, pp.121-149.

293 TELLO MENDOZA, J. "The Conventionality Control Doctrine of the Inter-American Court of Human Rights: a Critical Approach", Oxford Human Rights (OxHRH Blog, May 2020: https://ohrh.law.ox.ac.uk/the-conventionality-control-doctrine-of-the-inter-american-court-of-human-rights-a-critical-approach/ (acceso en octubre 2022).

Así, como señala Orunesu, el control de convencionalidad tiene como fin garantizar la supremacía de las convenciones de tutela de derechos humanos sobre el derecho interno. "El argumento consiste en sostener que, como los jueces tienen el deber de aplicar su derecho, y dado que esto supone interpretarlo, si un Estado ha ratificado la Convención Americana, entonces sus jueces están también obligados a garantizar que sus disposiciones prevalezcan sobre las normas internas que se encuentren en conflicto con ella"[294]. Las normas convencionales deben prevalecer en sede interna sobre las leyes ordinarias, de manera que debe acordarse la jerarquía supralegal y, quizás, incluso jerarquía constitucional. Supremacía de las normas convencionales sobre las normas jurídicas internas, sin establecer ninguna salvedad, en particular respecto de sus normas constitucionales[295]. En este contexto, Vio Grossi señala que no se debe olvidar que el ámbito de la Convención es el internacional y si bien ella consagra derechos de las personas frente al Estado, las posibles violaciones de las obligaciones adquiridas se reclaman ante instancias interamericanas. "Y, habida cuenta de lo que puede ordenar la Corte cuando ha constatado dichas violaciones, se puede concluir, que norma alguna de la misma establece su jerarquía en el orden interno respecto del derecho nacional del correspondiente Estado parte o con su eficacia en el ámbito interno, sino que sus disposiciones se refieren exclusivamente a las consecuencias que, en el ámbito internacional, tiene o produce dicha violación"[296]. Esto se contradice con el artículo 68 de la Convención que establece que los Estados se comprometen a cumplir la decisión de la Corte en todo caso en que sean partes y que la parte del fallo que disponga indemnización se ejecutará en el país conforme a su procedimiento, y por ello, Vio Grossi apues-

---

294 ORUNESU, C., "Control de convencionalidad y supremacía de los tribunales internacionales: algunas reflexiones sobre el control de convencionalidad en el Sistema Interamericano de Derechos Humanos", *Revus* 46, 2022, p.3.

295 Ibidem.

296 VIO GROSSI, E., "Jurisprudencia de la Corte Interamericana de Derechos Humanos..., ob.cit., p. 101.

ta por "la tendencia general en derecho internacional público de dejar el cumplimiento de lo que resuelvan los tribunales internacionales 'al honor de las naciones'"[297].

4. EL CONTROL DE CONVENCIONALIDAD Y LOS TRIBUNALES NACIONALES COMO ACTORES PRINCIPALES

Si admitimos la legalidad del control de convencionalidad, éste debe ser exigible, no a todos los órganos del Estado por cuanto resulta inefectivo, pero si su exigencia se focalizara en los órganos judiciales, puede ser una herramienta útil, cuya repercusión en la protección de los DDHH sería relevante. Incluso si su exigencia se focaliza en los tribunales, se debe tener en cuenta en que tribunales. Toda esta organización, obviamente, corresponde al Estado, quien debe garantizar la sensibilización y capacitación de todos ellos a fin de garantizar una protección adecuada de los DDHH recogidos en la Convención Americana e incorporados en el derecho interno, conforme a las obligaciones adquiridas internacionalmente. No hay que perder de vista que los jueces, de la más alta o menor jerarquía, se rigen por su derecho interno y juegan un papel trascendente en la protección de los DDHH.

Por ello, como señala Dulitzky, los Estados debe ser un foco principal de comprensión del SIDH, pero se debe reconocer que éstos son polifacéticos más que monolíticos, que tienen diversos actores con diferentes agendas y según sus respectivas áreas, tienen responsabilidades en materia de DDHH. En este contexto, la Corte debe reconocer que los jueces latinoamericanos son actores esenciales y no meros usuarios robóticos de la Convención como señala en sus sentencias[298].

---

297 Ídem, p.102

298 DULITZKY, Ariel, "An Inter-American Constitutional Court..., ob. cit., p. 92.

De la práctica se advierte, no obstante, a la imposición de la Corte, el ejercicio del control de convencionalidad en los Estados parte por los tribunales de alta jerarquía[299]. La Corte menciona como un ejemplo de un adecuado control de convencionalidad a la labor de la Suprema Corte de Justicia de Uruguay en la sentencia Nº 365 en el caso Nibia Sabalsagaray Curutchet, del 19 de octubre de 2009. En palabras de la Corte, ha ejercido un adecuado control de convencionalidad respecto de la Ley de Caducidad al señalar que el límite de la decisión de la mayoría reside en dos cosas: la tutela de los DDFF y la sujeción de los poderes públicos a la ley[300]. En este caso la Corte nacional señaló que "la ley de caducidad carece de efectos por su incompatibilidad con la Convención Americana y la Convención Interamericana sobre Desaparición Forzada de Personas, en cuanto puede impedir la investigación y eventual sanción de los responsables de graves violaciones de derechos humanos", y declaró la inconstitucionalidad de diversos artículos de la ley de Caducidad y resolvió que eran inaplicables al caso. Esta decisión había sido reiterada en más casos, en palabras de la Corte interamericana[301].

Otro caso que destaca como ejemplo de un adecuado control de convencionalidad es el ejercido también por la Corte Suprema de Argentina en 2005 y los tribunales inferiores en 2001. La "Corte Suprema no ha sido ajena al ejercicio de un adecuado y oportuno

---

299 En este contexto, no podemos dejar de mencionar el caso Fontevecchia y D'Amico tramitado ante la Corte Suprema de Justicia argentina en 2011, que llegó a la Corte Interamericana y ésta ordeno dejar sin efecto en todos sus extremos la sentencia civil, como medida de reparación. Al respecto la Corte Suprema argentina, mediante sentencia de 14 de febrero de 2017, señaló que dicho mandato excedía las atribuciones de la Corte interamericana, debido a que el tenor literal del art. 63.1 de la CADH no contemplaba la posibilidad de que la Corte disponga que se deje sin efecto una sentencia dictada en sede nacional, y cumplir con este mandato transformaría a la Corte interamericana en una cuarta instancia transgrediendo la Constitución nacional.

300 Corte IDH, caso Gelman vs. Uruguay (2011), ob.cit., párr. 239.

301 Corte IDH, Caso Gelman, supervisión de cumplimiento (2013), ob.cit., párr. 37.

control de convencionalidad, el que ha sabido aplicar con base en un diálogo jurisprudencial permanente y que ha resultado en decisiones que han significado valiosos aportes para la jurisprudencia regional en materia de derechos humanos". Razón ésta por la que no consideró necesario ordenar conforme al artículo 2 de la CADH una adecuación normativa, pero sí incidió en la obligación que deriva de la CADH para los Estados Parte y, "en concreto, los alcances que el control de convencionalidad conlleva para la función a cargo de los tribunales de justicia"[302]. En este caso, la Corte avizora en el ejercicio del control de convencionalidad la herramienta adecuada para superar la interpretación sostenida a nivel interno, a fin de ajustarla a los estándares internacionales y, en concreto, a los principios establecidos en esta sentencia[303].

En el caso Atala Riffo también la Corte destacó el papel de los tribunales de la región que se han referido y han aplicado el control de convencionalidad teniendo en cuenta sus interpretaciones. Estos tribunales de la más alta jerarquía son: la Sala Constitucional de la Corte Suprema de Justicia de Costa Rica, el Tribunal Constitucional de Bolivia, la Suprema Corte de Justicia de República Dominicana, el Tribunal Constitucional del Perú, la Corte Suprema de la Nación de Argentina, la Corte Constitucional de Colombia, la Suprema Corte de México y la Corte Suprema de Panamá[304]. En el caso Cabrera García y Montiel Flores, destaca que la Sala Constitucional de la Corte Suprema de Justicia de Costa Rica ha señalado, refiriéndose a la Corte interamericana, que "debe advertirse que si la Corte Interamericana es el órgano natural para interpretar la Convención Americana (…), la fuerza de su decisión al interpretar la convención y enjuiciar

---

302 Corte IDH, Caso Familia Julien Grisona vs. Argentina, sentencia de 23 de septiembre de 2021 (Excepciones Preliminares, Fondo, Reparaciones y Costas), párr.294.

303 Ibídem.

304 Corte IDH, Caso Atala Riffo vs. Chile (2012), ob.cit., párr.283. En igual sentido en el Caso Furlan y familiares vs. Argentina, sentencia de 31 de agosto de 2012 (Excepciones preliminares, Fondo, Reparaciones y Costas), párr.304.

leyes nacionales a la luz de esta normativa, ya sea en caso contencioso o en una mera consulta, tendrá -de principio- el mismo valor de la norma interpretada"[305].

Se advierte que los tribunales de diversos países de la región asumen la obligatoriedad de las decisiones de la Corte y ejercen el control de convencionalidad conforme a las interpretaciones realizadas por esta en sus sentencias, incluidas las opiniones consultivas. Si bien esto repercute en una mejor protección de los DDHH, puede resultar en un espejismo por cuanto no hay argumentos jurídicos sólidos, como hemos venido señalando, para la exigencia de esta figura. Sin duda, resulta valioso y destacable la buena relación existente entre la Corte y los tribuales internos, y la tendencia debe ir en esa dirección, pero una imposición desde la Corte puede traer como consecuencia el alejamiento de los Estados del SIDH, un sistema aún en consolidación.

Así, en palabras de Dulitzky, la Corte cambia su perfil y actúa como una Corte Constitucional Interamericana y convierte a la Convención Americana en un Tratado constitucional interamericano e impone su jurisdicción. La Corte debe ser más seria en cómo toma en cuenta al derecho latinoamericano que aplica la CADH. Los jueces son los aliados de la Corte y no los sometidos, son los creadores del derecho interamericano, dice Dulitzky. En este sentido incide en la importancia del diálogo judicial y en cambiar el paradigma en el desafío que es reconcebir al sistema interamericano como un sistema integrado entre los modelos nacionales e internacionales, donde la Corte interamericana es un actor importante, pero no sustituye a los jueces nacionales[306]. Estos últimos desempeñan un papel importante en la concreción de los DDHH, por ser el ente depositario de las atribuciones institucionales jurisdiccionales que velan por la eficacia de los DDHH[307]. En esta línea, "el auto-

---

305 Corte IDH, Caso Cabrera García y Montiel Flores (2010), ob.cit., párr.226.

306 Ídem.

307 ÁLVAREZ, F., BECERRA, J., BENÍTEZ, J., El Constitucionalismo ante el control de convencionalidad su debate actual, Editorial Porrúa, Méxi-

control y el diálogo real podrían ser mejores que más intervención (control de convencionalidad) si queremos fortalecer el Sistema Interamericano"[308]. Así, la efectividad del control dependerá de la relación existente entre el Derecho internacional y el derecho interno, y no de una imposición internacional, "el entendimiento del control de convencionalidad y su aplicación cotidiana debe hacerse sobre las bases del derecho nacional y el derecho internacional tomadas en su conjunto"[309]. Se debe tener en cuenta el derecho nacional y el respeto de los tribunales nacionales, quienes contribuyen en la adecuada protección de ellos DDHH.

La Corte en el caso Pavez condenó al Estado chileno porque las autoridades judiciales internas no efectuaron un adecuado control de convencionalidad respecto a las garantías y protección judiciales contenidos en los artículos 8 y 25, en relación con el artículo 1.1 de la CADH, por cuanto careció de recursos idóneos y efectivos para impugnar los efectos de la decisión de su revocación de su certificado de idoneidad para dictar clases de religión católica[310]. Por este hecho ordenó al Estado a que, en el plazo de dos años desde la notificación de la sentencia, "precise o regule, con claridad, a través de medidas legislativas o de otro carácter, la vía recursiva, el procedimiento y la competencia jurisdiccional, para la impugnación de las decisiones de los establecimientos educativos públicos en torno al nombramiento o remoción de profesoras o profesores de religión como consecuencia de la emisión o revocación de un certificado de idoneidad por parte de una autoridad religiosa al amparo de lo establecido en el artículo 9 del Decreto 924 de 1983. En el marco de esos recursos, las

---

co, 2015, pp.186, p.116-117.

308 TELLO MENDOZA, J. The Conventionality Control Doctrine of the Inter-American Court of Human Rights: a Critical Approach, Oxford Human Rights (OxHRH Blog, May 2020: https://ohrh.law.ox.ac.uk/the-conventionality-control-doctrine-of-the-inter-american-court-of-human-rights-a-critical-approach/ (acceso en julio 2022).

309 GONZÁLEZ DOMÍNGUEZ, P., "La Relación entre la doctrina del control de convencionalidad y el Derecho nacional", Revista Mexicana de Derecho Constitucional Nº 38, enero-junio 2018, pp.199-226, p. 226.

310 Corte IDH, Caso Pavez Pavez vs. Chile, ob.cit., párr. 160.

autoridades deberán contar con las facultades para efectuar un adecuado control de convencionalidad sobre las referidas decisiones de establecimientos públicos en torno al nombramiento o remoción de profesoras o profesores de religión como consecuencia de la emisión o revocación de un certificado de idoneidad"[311].

En el caso Palacio Urrutia ordenó la implementación de programas de capacitación, en un plazo de un año, a funcionarios públicos, específicamente a los miembros del poder judicial, incluyendo jueces y fiscales, para garantizar conocimientos necesarios en materia de DDHH. Señala que estos programas deben centrarse en el análisis de la jurisprudencia del SIDH vinculado con la libertad de expresión y los derechos a las garantías y protección judiciales[312]. Una medida sin duda necesaria, como mencionamos líneas arriba. Es importante porque para que los operadores de justicia realicen un adecuado control de convencionalidad y apliquen la normativa vigente en materia penal y civil relacionada con las afectaciones a la honra y el honor de los funcionarios públicos, es necesario que cuenten con las herramientas teóricas y prácticas que les permita respetar y garantizar la libertad de expresión[313].

En otro caso, en que se le impuso 30 años de prisión a Manuela, la Corte consideró que la regulación no tuvo en cuenta el estado particular de las mujeres en el periodo perinatal, lo cual es contrario a la Convención, y ordenó al Estado que en el plazo de dos años debía modificar su legislación penal interna, a la que denominó "adecuación de la dosimetría penal del infanticidio", a fin de compatibilizar con los estándares relativos a la proporcionalidad de las penas en estos casos, mencionados en la sentencia, y mientras se proceda a la modificación, las autoridades estatales

---

311 Ídem, párr.184.

312 Corte IDH, Caso Palacio Urrutia y Otros vs. Ecuador, ob.cit., párr. 183.

313 Ídem, voto concurrente de los jueces Eduardo Ferrer Mac-Gregor Poisot y Ricardo C. Pérez Manrique, caso Palacio Urrutia y otros vs. Ecuador, ob.cit., párr.14.

y en particular los jueces tienen la obligación de aplicar el control de convencionalidad en sus decisiones[314].

La jurisprudencia incide en el establecimiento de las garantías de no repetición. Así, la violación al derecho a la protección judicial, respecto a los recursos promovidos contra la declaratoria de ilegalidad de la huelga, fue como consecuencia de la falta de claridad en la regulación del tema, y por ello ordenó al Estado a que, en el plazo de dos años, precise o regule, con claridad, mediante medidas legislativas o de otro carácter, la vía recursiva, el procedimiento y la competencia judicial para la impugnación de la declaratoria de ilegalidad de una huelga[315]. En este caso, como en los anteriores, la Corte reitera que las autoridades estatales están en la obligación de ejercer de oficio, respecto a la norma que regula el derecho a la huelga, un control de convencionalidad entre las normas internas y la Convención Americana, en el marco de sus respectivas competencias y de las regulaciones procesales correspondientes, siempre teniendo en cuenta los tratados y la interpretación hecha por la Corte de éstos[316].

Son muchos los casos en que la corte ha ordenado a un Estado la adecuación del ordenamiento jurídico interno otorgándole un plazo determinado para ello. En el caso Fernández Prieto y Tumbeiro sobre la restricción del derecho a la libertad personal, le ordenó al Estado adecuar su ordenamiento interno, en un plazo razonable, modificando sus normas y desarrollando prácticas orientadas a lograr la plena efectividad de los derechos recogidos en la Convención a fin de compatibilizarlos con los parámetros internacionales que deben existir para evitar la arbitrariedad en los supuestos de detención, requisa corporal o registro de un

---

314 Corte IDH, Caso Manuela y otros vs. El Salvador, sentencia de 2 de noviembre de 2021 (Excepciones Preliminares, Fondo, Reparaciones y Costas), párr.296.

315 Corte IDH, Caso Extrabajadores del organismo judicial vs. Guatemala, sentencia de 17 de noviembre de 2021 (Excepciones Preliminares, Fondo y Reparaciones), párr. 144.

316 Ídem, párr. 145.

vehículo. "Por tanto, en la creación y aplicación de las normas que faculten a la policía a realizar detenciones sin orden judicial, las autoridades internas están obligadas a realizar un control de convencionalidad, tomando en cuenta las interpretaciones de la Convención Americana realizadas por la Corte Interamericana respecto a las detenciones sin orden judicial, y que han sido reiteradas en el presente caso"[317].

La Corte ha dejado claro que no realiza un control de constitucionalidad ni de legalidad, solo de convencionalidad. Así se ha pronunciado en casos vinculados con la restricción del derecho a la libertad personal y señaló que solo es viable cuando se produce por las causas y en condiciones estas fijadas con anterioridad por las Constituciones políticas o por leyes dictadas conforme a ellas (aspecto material), y siempre que lleve a cabo con estricto cumplimiento a los procedimientos objetivamente definidos en las mismas (aspecto formal)[318]. Esto es así, en palabras de la Corte, porque es la propia Convención la que remite al derecho interno del Estado, razón por la que dicha remisión no supone que la Corte deje de fallar conforme a la Convención, "sino precisamente debe hacerlo conforme a ella y no según el referido derecho interno. La Corte no realiza, en tal eventualidad, un control de constitucionalidad ni tampoco de legalidad, sino únicamente de convencionalidad"[319]. Esta doctrina, tiene una única fuente legal que la sustenta, su propia jurisprudencia. "De ahí surge una inevitable *petitio principii*: la jurisprudencia de la Corte IDH es vinculante y tiene efectos *erga omnes* solo porque la jurisprudencia de la Corte lo dice"[320].

---

317 Corte IDH, caso Fernández Prieto y Tumbeiro vs. Argentina, sentencia de 1 septiembre de 2020 (Fondo y Reparaciones), párr.122.

318 Corte IDH, Caso Azul Rojas Marín y Otra vs. Perú, sentencia de 12 de marzo de 2020, párr.110, en igual sentido en el caso Fernández Prieto y Tumbeiro vs. Argentina, ob.cit., párr.66.

319 Ibídem. párr. 110.

320 TELLO MENDOZA, J. The Conventionality Control Doctrine of the Inter-American Court of Human Rights: a Critical Approach, Oxford Human Rights..., ob.cit.

En el caso Gelman señala que los tribunales de la más alta jerarquía han entendido que la jurisprudencia internacional es fuente de derecho, si bien con distintos alcances, y han utilizado los *obiter dicta* y/o la *ratio decidendi* de dicha jurisprudencia para fundamentar o guiar sus decisiones e interpretaciones[321]. En esta resolución, reitera que sus sentencias producen el efecto de cosa juzgada y tienen carácter vinculante, derivado de la ratificación de la Convención y del reconocimiento de la jurisdicción del tribunal, actos soberanos que el Estado Parte realizó conforme sus procedimientos constitucionales y, por otro, que el control de convencionalidad es una obligación de las autoridades estatales y su ejercicio compete, solo subsidiaria o complementariamente, a la Corte cuando un caso ha sido sometido a su jurisdicción"[322].

En consecuencia, dice la Corte, la pretensión de oponer el deber de los tribunales internos de realizar el control de constitucionalidad al control de convencionalidad que ejerce la Corte, es en realidad un falso dilema, pues una vez que el Estado ha ratificado el tratado internacional y reconocido la competencia de sus órganos de control, precisamente a través de sus mecanismos constitucionales, aquellos pasan a conformar su ordenamiento jurídico. De tal manera, el control de constitucionalidad implica necesariamente un control de convencionalidad, ejercidos de forma complementaria[323].

No cabe duda, la amplia recepción que ha tenido en los tribunales de la más alta jerarquía, de derecho interno, la doctrina del control de convencionalidad, pero no se puede olvidar que esto no ha sido un camino fácil ni nada pacífico. Las relaciones, en México, como en otros Estados, no han sido sencillas entre el SIDH y el derecho nacional, así la recepción de la jurisprudencia interamericana y el control de convencionalidad ha generado tensiones jurídicas e interpretativas entre los criterios de la Suprema Corte de Justicia de la Nación mejicana, que desde la

---

321 Corte IDH, Caso Gelman (2013), ob.cit., párr.86.
322 Ídem, párr. 87.
323 Ídem, párr. 88.

reforma constitucional de 2011 y sus transformaciones sigue enfrentándose a diversos desafíos[324]. Lo mismo en Argentina, cuya Corte Suprema ha ido evolucionando progresivamente —con marchas y contramarchas— para cumplimentar con los pronunciamientos tanto de la Comisión como los de la Corte regional. Así, en el caso Cantos, su primera sentencia, no dio total acatamiento al decisorio referido invocando razones de "derecho interno"[325].

En palabras de la Corte, "como consecuencia de la eficacia jurídica de la CADH en todos los Estados Parte en la misma, se ha generado un control dinámico y complementario de las obligaciones convencionales de los Estados de respetar y garantizar DDHH, conjuntamente entre las autoridades internas e instancias internacionales (en forma complementaria), de modo que los criterios de decisión puedan ser conformados y adecuados entre sí". Así, la jurisprudencia de la Corte muestra casos en que se retoman decisiones de tribunales internos para fundamentar y conceptualizar la violación de la Convención en el caso específico[326].

Antes de terminar esta parte, no podemos dejar de mencionar una sentencia, que sin duda está generando polémica en México. Me estoy refiriendo al caso Tzompaxtle Tecpile de noviembre de 2022 en el que la Corte considera que "el Estado mejicano deberá dejar sin efecto, en su ordenamiento jurídico interno, la normatividad relacionada con el arraigo como medida de naturaleza pre-procesal restrictiva de la libertad para fines investigativos"[327], asimismo ordena adecuar su ordenamiento jurídico interno sobre prisión preventiva oficiosa. En esta sentencia, la Corte reitera que

---

324 SILVA GARCÍA, F., Control de convencionalidad en México: transformaciones y desafíos", ob.cit., p.121.

325 HITTERS, ob.cit., pp.141-142.

326 Corte IDH, Resolución de supervisión, caso Gelman (2013), ob.cit., párr.71.

327 Corte IDH, caso Tzompaxtle Tecpile y otros vs. México de 7 de noviembre de 2022 (Excepción Preliminar, Fondo, Reparaciones y Costas), párr. 216.

ningún Estado debe invocar su derecho interno para dejar sin efecto el cumplimiento de los tratados internacionales y efectuar un adecuado control de convencionalidad. Insiste que cuando un Estado ha ratificado la Convención, *todos sus órganos*, incluidos sus jueces, están sometidos a ella, lo que les obliga a velar por que los efectos de las disposiciones de la CADH no se vean mermados por la aplicación de normas contrarias a su objeto y fin, en el marco de sus respectivas competencias y de las regulaciones procesales correspondientes. Así, "las magistraturas y órganos vinculados a la administración de justicia en todos los niveles están en la obligación de ejercer *ex officio* un control de convencionalidad entre las normas internas y la Convención, y en esta, deben tener en cuenta no solamente el tratado, sino también la interpretación que del mismo ha hecho la Corte Interamericana, intérprete última de la Convención Americana"[328]. De esta forma, las autoridades internas, dice la Corte, al aplicar las figuras del arraigo o de la prisión preventiva, deben ejercer un adecuado control de convencionalidad para que éstas no afecten los derechos reconocidos en la CADH de las personas investigadas o procesadas por un delito[329]. Esta sentencia fue calificada por el secretario de Gobernación como un despropósito porque ningún órgano internacional puede estar por encima de la Constitución[330].

En la siguiente tabla se recoge la evolución del Control de convencionalidad hasta la actualidad.

Fecha	Caso	Descripción
26/09/2006	Almonacid Arellano vs. Chile	El Poder judicial debe ejercer una especie de "control de convencionalidad" entre las normas jurídicas internas que aplican en los casos concretos y la CADH. En esta tarea el Poder Judicial debe tener en cuenta no solo el Tratado, sino también la interpretación que de ésta hace la Corte (jurisprudencia).

328 Ídem, párr.219.
329 Ibidem.
330 Cfr. https://www.youtube.com/watch?v=G-dsDnJ-D1A

Fecha	Caso	Descripción
24/11/2006	Trabajadores cesados del Congreso vs. Perú	La Corte reitera que los jueces de un Estado que ha ratificado un tratado internacional, en este caso la CADH, están sometidos a ella. Esto les obliga a velar por que el efecto útil de la Convención no se vea mermado o anulado por la aplicación de leyes contrarias a sus disposiciones, objeto y fin. Deja dicho que los órganos del Poder Judicial deben ejercer no solo un control de constitucionalidad, sino también "de convencionalidad" *ex officio* entre las normas internas y la CADH, en el marco de sus respectivas competencias y de las regulaciones procesales correspondientes.
23/11/2010	Vélez Loor vs. Panamá	La Corte exige ejercer no sólo un control de constitucionalidad, sino también de convencionalidad, ya no solo al poder judicial, sino a todos los "órganos de cualquiera de los poderes cuyas autoridades ejerzan funciones jurisdiccionales".
24/11/2010	Gomes Lund y otros vs. Brasil	Reitera criterio anterior al referirse a todos sus órganos, incluido sus jueces, por cuanto estos últimos están obligados internacionalmente a ejercer de oficio entre las normas internas y la Convención, teniendo en cuenta no solo el Tratado sino también la jurisprudencia, un control de convencionalidad.
26/11/2010	Cabrea García y Montiel Flores vs. México	Además de reiterar los criterios mencionados, afirma que tienen la obligación de ejercer el control de convencionalidad, del tratado y la jurisprudencia del máximo intérprete de la CADH, de oficio todos "Los jueces y órganos vinculados a la administración de justicia en todos los niveles" siempre, en el marco de sus respectivas competencias y de las regulaciones procesales correspondientes.
24/02/2011	Gelman vs. Uruguay	Reitera el criterio utilizado en el caso Gomes Lund y es más contundente cuando se refiere al ejercicio de esta figura a cualquier autoridad pública y ya no solo al Poder Judicial. No obstante, continúa haciendo referencia a los otros aspectos desarrollados a lo largo de su jurisprudencia.

Fecha	**Caso**	**Descripción**
04/09/2012	Río Negro vs. Guatemala	Amplía el catálogo de tratados que deben conocer todos los órganos del Estado y ejercer un control de convencionalidad entre estos y el derecho interno–el control de convencionalidad va más allá de la Convención Americana y la jurisprudencia "este Tribunal ha establecido en su jurisprudencia que, cuando un Estado es parte de tratados internacionales como la Convención Americana sobre Derechos Humanos, la Convención Interamericana sobre Desaparición Forzada de Personas, la Convención Interamericana para Prevenir y Sancionar la Tortura, y la Convención Interamericana para Prevenir, Sancionar y Erradicar la Violencia Contra la Mujer, dichos tratados obligan a todos sus órganos, incluido el poder judicial, cuyos miembros deben velar por que los efectos de las disposiciones de dichos tratados no se vean mermados por la aplicación de normas o interpretaciones contrarias a su objeto y fin. Los jueces y órganos vinculados a la administración de justicia en todos los niveles están en la obligación de ejercer *ex officio* un "control de convencionalidad" entre las normas internas y los tratados de derechos humanos de los cuales es Parte el Estado, evidentemente en el marco de sus respectivas competencias y de las regulaciones procesales correspondientes. En esta tarea, los jueces y órganos vinculados a la administración de justicia, como el ministerio público, deben tener en cuenta no solamente la Convención Americana y demás instrumentos interamericanos, sino también la interpretación que de estos ha hecho la Corte Interamericana". En igual sentido en otras sentencias Cfr. Caso Gudiel Álvarez y otros ("Diario Militar") vs. Guatemala, sentencia de 20 de noviembre de 2012, párr. 330.

Fecha	Caso	Descripción
07/11/2022	Tzompaxtle Tecpile	Durante estos años hasta la actualidad, la Corte continua con esta jurisprudencia. A modo de ejemplo se menciona esta sentencia de 2022 en la que señala: Efectuar un adecuado control de convencionalidad. Cuando un Estado ha ratificado la Convención, todos sus órganos, incluidos sus jueces están sometidos a ella, lo que les obliga a velar por que los efectos de las disposiciones de la CADH no se vean mermados por la aplicación de normas contrarias a su objeto y fin, en el marco de sus respectivas competencias y de las regulaciones procesales correspondientes. Así, "las magistraturas y órganos vinculados a la administración de justicia en todos los niveles están en la obligación de ejercer ex oficio un control de convencionalidad entre las normas internas y la Convención, y en esta, deben tener en cuenta no solamente el tratado, sino también la interpretación que del mismo ha hecho la Corte Interamericana, intérprete última de la Convención Americana"

Fuente: Elaboración propia

5. ASPECTOS PARA TENER EN CUENTA PREVIO A LA EXIGENCIA DEL CONTROL DE CONVENCIONALIDAD: PETICIÓN DE LOS ESTADOS

Como hemos venido señalando a lo largo del trabajo, el control de convencionalidad debe ser una de las figuras que mayor desarrollo ha tenido en la jurisprudencia de la Corte Interamericana. Ha comenzado con determinadas exigencias que a lo largo de los años han ido ampliándose, respecto a su contenido y ámbito de aplicación. Su incorporación en la jurisprudencia, como hemos visto, no ha sido nada pacífica y si hoy los tribunales están respetando esta doctrina, como hemos visto, es por el respeto a los DDHH y al SIDH, que tanto ha costado construir, en una región que vivió muchas dictaduras y violaciones a lo largo de su historia; pero una figura que no tenga solidez jurídica que lo respalde, es un castillo de naipes que en cualquier momento puede derrumbarse.

Teniendo en cuenta los principios que rigen el Derecho internacional y las obligaciones asumidas por los Estados respecto a la CADH y a la Corte Interamericana, se advierte que el control de convencionalidad no tiene respaldo jurídico en la CADH. Hemos visto los riesgos que esto puede traer y generar un efecto contrario al deseado, la protección cada vez mejor de los DDHH de las personas, ahuyentar a los Estados del SIDH por ser imposible estar al día con las exigencias de este órgano judicial.

Una muestra de ello es el documento que hace poco más de tres años, en abril de 2019, los representantes permanentes ante la OEA de cinco Estados de la región, Argentina, Brasil, Chile, Colombia y Paraguay, en modo de declaración, como signatarios de la CADH, han hecho llegar a los órganos de protección de los DDHH del SIDH, con el objetivo de perfeccionar la operatividad, funcionalidad y eficacia del SIDH. Específicamente entregaron el documento al Secretario Ejecutivo de la Comisión Interamericana de Derechos Humanos. Esta Declaración *sobre el Sistema Interamericano de Derecho Hum*anos consta de dos partes: En la primera, los Estados reafirman su compromiso con el valor normativo de la CADH y muestran su reconocimiento a la labor y contribución de los órganos de protección de los DDHH en América, y destacan como una pieza fundamental del SIDH al mecanismo de peticiones individuales y como una herramienta de gran valor en materia de mejoramiento de los Estados, a las soluciones amistosas. En la segunda "con el ánimo de perfeccionar la operatividad, funcionalidad y eficacia del Sistema Interamericano de Derechos Humanos" establecieron cinco puntos para tener en cuenta:

- primero: señalan que el principio de subsidiariedad, que da sustento a los presupuestos jurídicos de admisibilidad de una petición, tiene una doble dimensión; por un lado, supone que el Estado tiene la obligación de investigar toda violación a la CADH que suceda bajo su jurisdicción, y por otro, el Estado tiene el derecho de que su propio sistema jurisdiccional resuelva la situación antes de verse sometido a una instancia internacional,

- segundo, los cinco Estados consideran que se debe respetar el legítimo espacio de autonomía que tienen los Estados para asegurar a todas las personas que están bajo su jurisdicción, a través de sus propios procesos democráticos, los derechos y garantías consagrados en la CADH de conformidad a sus ordenamientos constitucionales,
- tercero: "igualmente, consideran que, en el contexto de las medidas adoptadas para reducir el atraso procesal en el ámbito de la Comisión, se debe garantizar el derecho a la defensa, la seguridad jurídica y la igualdad personal",
- cuarto, destacan la importancia de respetar la estricta aplicación de las fuentes del DIDH y el reconocimiento del margen de apreciación de los Estados en el cumplimiento de las obligaciones que establece la CADH. Recuerdan también que las resoluciones y sentencias de los órganos del sistema interamericano solo tienen efectos para las partes en el litigio y
- quinto, consideran importante el conocimiento y consideración debida que deben tener los órganos del SIDH de las realidades políticas, económicas y sociales de los Estados.

En este contexto, ven necesario "que las formas de reparación guarden una debida proporcionalidad y respeten tanto los ordenamientos constitucionales y jurídicos de los Estados, como las exigencias propias del Estado de Derecho"[331].

---

331 Declaración sobre el Sistema Interamericano de Derecho Humanos, Asunción 23 de abril de 2019, publicado el 24 de abril. https://www.mre.gov.py/index.php/noticias-de-embajadas-y-consulados/gobiernos-de-argentina-brasil-chile-colombia-y-paraguay-se-manifiestan-sobre-el-sistema-interamericano-de-derechos-humanos

Concluyen la Declaración, reafirmando su compromiso con la defensa y promoción de los DDHH en el continente y reconocen como condiciones fundamentales, para que esos derechos sean efectivamente respetados y promovidos en la región, al Sistema Democrático y al Estado de Derecho.

Se advierte de esta Declaración algunos de los aspectos que en los últimos años la Corte interamericana, a través del control de convencionalidad, ha pasado por alto y no los ha tenido en consideración, como debería hacer y tener.

Es de señalar que los Estados firmantes de esta declaración han demostrado y vienen demostrando su compromiso con el SIDH. Como hemos visto previamente, han incorporado e incorporan interpretaciones que la Corte interamericana ha realizado de la CADH, pero ello no quita que los Estados manifiesten, en aras de mejorar el Sistema, algunos aspectos que están claramente establecidos en el Derecho Internacional y en el SIDH, los cuales la Corte no considera, en ocasiones. Una muestra del compromiso de los Estados, por ejemplo, es la modificación de la constitución chilena por orden de la Corte Interamericana, así como la incorporación que realizan las Cortes superiores de los países firmantes.

En este contexto, la Corte debe tener en cuenta y desempeñar su labor complementariamente, dejando al Estado, como encargado de proteger los DDHH de las personas que se encuentra bajo su jurisdicción, la oportunidad en caso de violación de subsanar o reparar el daño, y luego si esto no ha funcionado, poder conocer del caso. Si bien, a fin de garantizar una mejor protección de los DDHH en la región, realiza una interpretación *pro homini* de la Convención Americana; esto no puede trascender al contenido de la Convención por más que los Estados buenamente lo reciban como hemos visto a lo largo del trabajo, pero también como se ha indicado, los Estados "exigen" o recuerdan los principios que rigen el Derecho internacional. Así, un mecanismo importante sería, teniendo en cuenta el compromiso mostrado por los Estados frente al Sistema interamericano, que la Corte otorgara cierto margen de apreciación a los Estados, como lo hace el TEDH. La doctrina del margen de apreciación, nos dice Malcolm, significa que la Corte no interferirá en ciertas esferas nacionales mientras conserva una supervisión general[332]. Así, el margen de apreciación es una deferencia que los órganos internacionales deben reconocer a los órganos nacionales (legislativos, judiciales, administrativos) para cumplir con las obligaciones que nacen de los tratados de DDHH[333]. Este margen debe incluir, como acertadamente señala Núñez Poblete, además de lo mencionado por la doctrina, el margen de apreciación para definir el sentido del derecho nacional y para definir el modo en que se cumplirá una resolución de un órgano internacional de supervisión de un tratado[334].

Para el TEDH, es esencial para el mecanismo de protección establecido por el CEDH, como lo señaló en el caso Z c. UK, que los propios sistemas nacionales proporcionen reparación por

---

332 SHAW, M., *International Law*...ob.cit., p.257. Así, este autor, cita como ejemplo el caso *Brannigan and McBride* c.UK, donde la Corte sostuvo que los Estados se benefician de un amplio margen de apreciación con respecto al proceso de determinación de la existencia y el alcance de una emergencia pública que permita la derogación de ciertas disposiciones en virtud del art. 15 del CEDH. Este margen de apreciación variará dependiendo del contenido de los derechos en cuestión en los procedimientos sustantivos o sobre el equilibrio de los derechos en litigio. Será más amplio con respecto a cuestiones de moralidad personal, pero más estrecho en otros casos

333 NÚÑEZ POBLETE, M., "Doctrina del margen de apreciación nacional" en *Margen de apreciación de derechos humanos: proyecciones regionales y nacionales*, ACOSTA ALVARADO p., Y NÚÑEZ POBLETE, M. (Coord). Instituto de Investigaciones Jurídicas, UNAM, México, 2012, pp.385, p.5 y 6.

334 Como señala este autor, la doctrina deja un margen de libertad a los Estados para apreciar las circunstancias materiales que ameritan la aplicación de medidas excepcionales en situaciones de emergencia; para limitar el ejercicio de algunos de los derechos reconocidos en los instrumentos internacionales con el objeto de resguardar otros derechos o los intereses de la comunidad; y para definir el contenido de los derechos y determinar el modo en que éstos se desarrollan en el ordenamiento interno. Cfr. Ídem, p.6

las infracciones de su disposición, la Corte ejerce su función de control con sujeción al principio de subsidiariedad. Esto también significa que la Corte desconfía de emprender una investigación y se muestra cautelosa ante la posibilidad de subestimar la determinación de los hechos y advierte de manera similar sobre qué medidas debe tomar un Estado para cumplir con sus obligaciones en virtud de la CEDH[335].

En esta línea, la Corte debe focalizar su atención en fortalecer su relación con los Estados, e incidir en el cumplimiento de los artículos 1 y 2, como una obligación asumida voluntariamente por parte de los Estados. "De esa forma se preservan los equilibrios institucionales y se resguardan los fundamentos de la legitimidad de cada uno de los órganos y ordenamientos comprometidos"[336]. Esto exigiría, por supuesto, una gran responsabilidad y voluntad política por parte de los Estados en garantizar los DDHH de todos aquellos que se encuentren bajo su jurisdicción.

Orunesu analiza la aplicación del margen de apreciación y el control de convencionalidad, en el sistema interamericano, y considera necesario para ello un diálogo inter cortes "como herramienta para paliar las deficiencias de legitimidad democrática de origen y el ejercicio en la práctica interamericana por parte de la Corte Interamericana requerirá el abandono de la tesis fuerte en torno a la obligatoriedad de sus criterios interpretativos", pero esto también requiere que los tribunales nacionales al invocar el margen de apreciación, no lo asimilen a incumplimiento, que se tomen en serio las opiniones de los órganos del sistema, que ofrezcan argumentos sólidos para no acatarlas, y ofrezcan alternativas[337]. Así, para que el margen de apreciación contribuya en la protección de los DDHH, como una herramienta poderosa, hay

335 SHAW, M., *International Law*...ob.cit., p.258

336 NÚÑEZ POBLETE, M., "Doctrina del margen de apreciación nacional...", ob. cit. p.6.

337 ORUNESU, C., "Control de convencionalidad y supremacía de los tribunales internacionales: algunas reflexiones sobre el control de convencionalidad en el Sistema Interamericano de Derechos Humanos",

que asegurarse de que los Estados miembros contribuyan a una construcción común[338].

Al fin y al cabo, dichas obligaciones son parte de las funciones asumidas por los Estados. Lo importante es fortalecer el Sistema Interamericano de Derechos Humanos y no ahuyentar a los Estados o dar motivos para su alejamiento. Lamentablemente, es un sistema aún débil en el que no están todos los que deberían estar, ni se les espera. A diferencia del Sistema Europeo de Derechos Humanos, donde los 46 Estados miembros del Consejo de Europa han ratificado y asumido la competencia contenciosa del TEDH, en el sistema interamericano de los 35 Estados Partes de la OEA solo 23 han ratificado la CADH y de los cuales solo 20 han asumido la competencia contenciosa de la Corte.

Lamentablemente, como señala Orunesu refiriéndose al caso Fontevecchia, la Corte no está por la labor de admitir algún margen de apreciación nacional. "Y ello es consistente con su insistencia en afirmar el carácter obligatorio de sus criterios interpretativos"[339].

No cabe duda de la importancia del control de convencionalidad para la mejor protección de los DDHH, y del papel de la Corte en esta labor, pero es el Estado quién debe determinar, según su realidad, sus normas y ese margen que la propia Corte viene a reconocer, desde el caso Trabajadores cesados contra Perú al señalar "en el marco de las respectivas competencias y de las regulaciones procesales correspondientes". Son los Estados los que tienen que decidir primero el valor que le otorgan a los Tratados de DDHH y a la Convención e incorporar en el derecho interno

---

Revus – Journal for Constitucional Theory and Philosophy of Law, 46 (on line), 2022, p.17.

338 IGLESIAS VILA, M., El control de convencionalidad y el caso Fontevecchia: ¿Es el margen de apreciación la panacea?, *Revus – Journal for Constitucional Theory and Philosophy of Law*, 46, 2022.

339 ORUNESU, C., "Control de convencionalidad y supremacía de los tribunales internacionales…, ob.cit., p.17.

los derechos reconocidos en la Convención, luego establecer los órganos en los que recae su protección. Lo lógico sería que fueran los órganos judiciales los encargados de realizarlo, al margen de la jerarquía, conforme a su derecho interno que es compatible con la CADH.

En esta línea, concuerdo plenamente con Vio Grossi, cuando señala que "el sistema interamericano de derechos humanos no sea entendido por lo que se desea que sea, sino por lo que jurídicamente realmente es, y así se logre efectivamente el objeto y fin de la Convención, cual es el pronto y efectivo restablecimiento del respeto de los derechos humanos por parte del Estado de que se trate y, además se aliente la adhesión de otros Estados a ella"[340].

6. EL EJERCICIO DEL CONTROL DE CONVENCIONALIDAD Y LA EFECTIVIDAD EN LA PROTECCIÓN DE LOS DERECHOS HUMANOS: ¿UNA REALIDAD?

Como hemos venido señalando a lo largo del trabajo, la vigencia y la efectividad del SIDH en la protección de los DDHH va más allá del reconocimiento de éstos en tratados, en sentencias u opiniones consultivas progresistas y maravillosas. La efectividad pasa por el cumplimiento a cabalidad, por parte de los Estados, de las sentencias expedidas por la Corte Interamericana teniendo en cuenta el compromiso asumido al firmar la CADH. En caso contrario, como ya he venido señalando en trabajos anteriores, la efectividad del sistema estaría en entredicho y las sentencias serían papel mojado. Constituiría una frustración para la víctima, que en un primer momento ya tuvo que padecer la indiferencia o ineficacia del Estado, cuando no se le brindó la protección oportuna en la protección a sus derechos y se vio obligada a activar la jurisdicción internacional, y en segundo

340 VIO GROSSI, E., "Jurisprudencia de la Corte Interamericana de Derechos Humanos...", ob.cit., p. 109.

momento al ver el incumplimiento por parte del Estado de lo ordenado en la sentencia emitida por la Corte[341]. Lo cierto es, como dice Fernández Liesa, al referirse a la cuestión de la eficacia que "no es la falta de normas el problema sino su aplicación", por ello, uno de los retos principales de los DDHH, sea lograr mayores niveles de efectividad[342]. Para ello, dice este autor, es importante, como hemos venido señalando, la sostenibilidad económica, la preocupación de los poderes y las instituciones públicas, así como la concienciación y la labor de la sociedad civil[343].

Del informe emitido por la Corte en el 2009, de 120 casos que la Corte ha resuelto desde 1979 hasta finales de 2009, 104 se encontraban en la etapa de supervisión de cumplimiento.

Del informe anual 2021 de la Corte, se observa que desde 1979 al 31 de diciembre de 2021 se han sometido a la Corte 393 casos contenciosos estando 258 en etapa de supervisión.

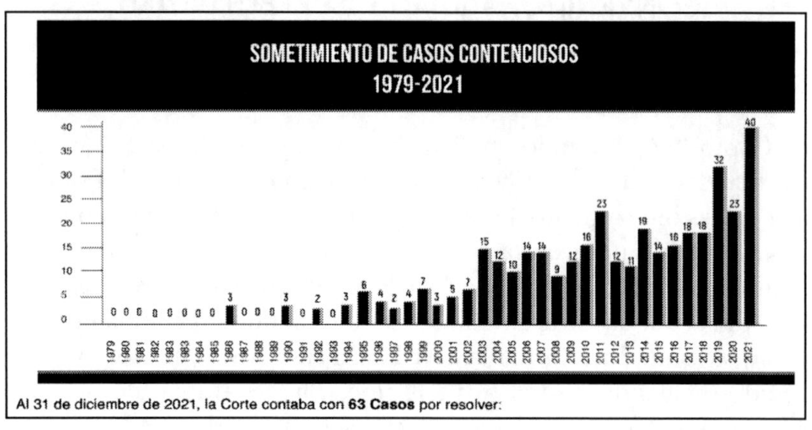

Fuente: Corte IDH, Informe anual 2021

341 QUISPE REMÓN, F., "La protección de los Derechos Humanos en el Sistema Interamericano: su evolución y una visión actual", ob.cit., pp.246-253, p. 247.

342 FERNÁNDEZ LIESA, C., *El sistema universal de derechos humanos…*, ob.cit., p. 94.

343 Ídem, p.111.

Este es un claro ejemplo de la falta de cumplimiento en la ejecución total de las sentencias de los Estados, transcurridos, en algunos casos, casi dos décadas de la emisión de las mismas. Situación que desmerece la efectividad del sistema interamericano, no obstante, al esfuerzo que realizan sus órganos de protección[344].

Ahora si vemos el histórico de casos desde que se emitió la primera sentencia de la Corte en 1981 hasta nuestros días, tenemos que a 2022 hay 266 casos en etapa de supervisión y tan solo 43 han sido archivados por cumplimiento[345].

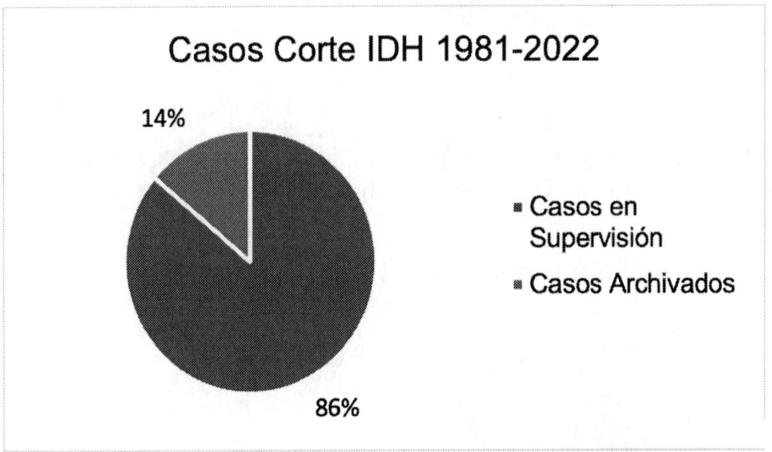

Y si analizamos esta misma información desde 1981 a 2006, momento en el que inicia el control de convencionalidad y desde 2007 hasta nuestros días:

- para el primer periodo se tenían 156 en etapa de supervisión y tan solo 6 habían sido archivados por cumplimiento[346] y

344 QUISPE REMÓN, F., "La protección de los Derechos Humanos en el Sistema Interamericano: su evolución y una visión actual", ob.cit.

345 Fuente: Elaboración propia a partir de información de la Corte IDH disponible en su página Web (mapa de casos contenciosos y enlaces relacionados: casos en etapa de supervisión)

346 Ídem

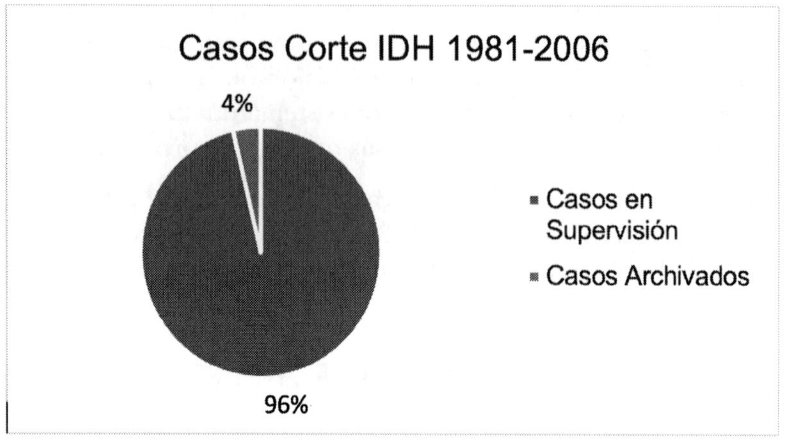

- para el segundo periodo, hay 267 casos en etapa de supervisión y tan solo 37 han sido archivados por cumplimiento[347].

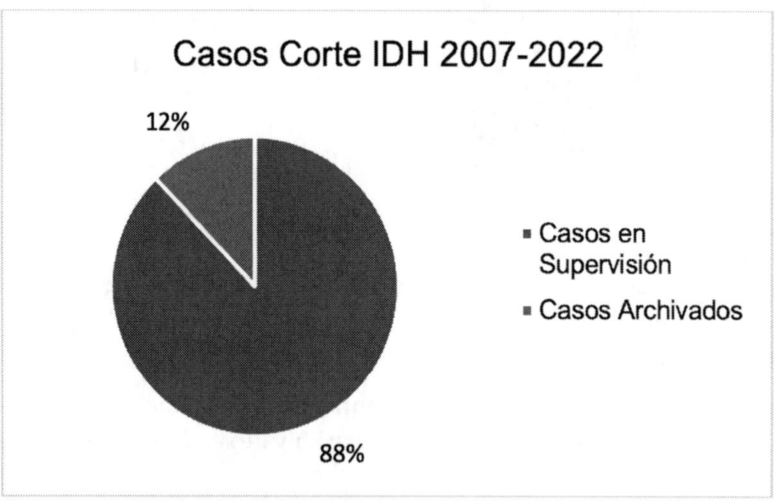

En esta información se debe tener en cuenta el trasvase de casos que puede existir de un periodo a otro, así por ejemplo el caso Garrido y Baigorria vs. Argentina con fecha de sentencia 27

347 Ídem

de agosto de 1998 ha estado en etapa de supervisión desde el año 2000 hasta 2017, pero aún no se ha archivado por cumplimiento.

En este contexto, una vez más se advierte el papel protagónico del Estado y es quien, una vez que se haya sometido voluntariamente a la competencia de los órganos internacionales, debe emitir disposiciones internas para cumplir con las obligaciones que le son impuestas por dichos órganos, pero esta exigencia, en palabras de Fix Zamudio, tiene mayor urgencia en los ordenamientos latinoamericanos, especialmente respecto a las sentencias dictadas por la Corte, en virtud de las diferencias que existen respecto del cumplimiento de las sentencia de la Corte IDH frente a las del TEDH[348]. Este autor se refiere a la diferencia existente entre ambos sistemas respecto al mecanismo de control de cumplimiento. En la Corte no existe un órgano que vigile el cumplimiento de las sentencias como sí en el TEDH, el Comité de Ministros. Del artículo 65 de la CADH solo se observa que la Corte someterá a consideración de la Asamblea General de la OEA en cada periodo ordinario de sesiones un informe sobre su labor. Pero la Corte desde sus primeras sentencias consideraba que el seguimiento al cumplimiento de sus decisiones era parte de su competencia y desde el 2001 se aprecia uniformidad en ese sentido, y es en el 2009 cuando introduce en su Reglamento dicha potestad como inherente a su actividad[349].

Este es el panorama del cumplimiento de las sentencias, en general, de la Corte interamericana desde su funcionamiento. Y como hemos venido señalando desde el 2006 introduce el control de convencionalidad. En este contexto, teniendo en cuenta que

---

348 FIX ZAMUDIO, H., “La necesidad de expedir leyes nacionales en el ámbito latinoamericano para regular la ejecución de las resoluciones de los organismos internacionales” en *Impacto de las sentencias de la Corte Interamericana de Derechos humanos,* colección Derechos humanos y Poder Judicial, Universidad Nacional Autónoma de México, México, 2012, pp.221-280, p.252.

349 QUISPE REMÓN, F., La protección de los derechos humanos en el Sistema Interamericano...ob.cit., pp.248-253.

la mejor forma de saber si realmente es efectivo, es ver: ¿qué ha pasado desde que el control de convencionalidad se introduce en la jurisprudencia de la Corte?, ¿las sentencias de la Corte hoy se cumplen mucho más y mejor? Ello podrá verse, teniendo en cuenta los casos que ha conocido la Corte, las sentencias que ha emitido y los casos que están en etapa de supervisión. Conviene ver cuántos casos ha conocido la Corte en total, cuántos antes de 2006 y cuántos después de 2006 y cuál ha sido el resultado. Esta es una pregunta que ya me había planteado en 2016 en el trabajo al que hice referencia previamente y hoy doy respuesta.

Algún autor se plantea si el dato real sobre el cumplimiento de los fallos desde la aplicación del control de convencionalidad haría que esta figura se planteara de manera diferente, por cuanto no es efectiva y debe ser reformulada. El modo en que la doctrina plantea la teoría del control de convencionalidad –con aplomo y una seguridad que casi dan la impresión de estar ante una situación consolidada– es contradictorio con el nivel de cumplimiento de los fallos paradigmáticos en que se apoya, más aún, teniendo en cuenta que estos fallos son el único sustento del control de convencionalidad, dado su origen pretoriano[350]. Como vimos *supra,* a través de los gráficos, la efectividad de la protección de los DDHH en la región desde la aplicación del control de convencionalidad no ha mejorado.

Teniendo en cuenta, como lo ha señalado la Corte, que el cumplimiento efectivo de sus decisiones son parte integrante del acceso a la justicia, debe focalizar su atención en garantizar este derecho.

---

[350] SILVA ABBOT, M., ¿Es realmente viable el control de convencionalidad?, Revista Chilena de Derecho, vol. 45 Nº 3, 2018, pp.717-744, p, 732.

REFLEXIONES FINALES

En el Derecho internacional existen principios de carácter consuetudinario y convencional que dejan claramente establecida la relación de respeto entre el derecho interno y el Derecho internacional, además de establecer taxativamente el papel subsidiario/complementario del Derecho internacional de los DDHH.

La soberanía de los Estados tiene un límite y este son los DDHH. Un Estado no puede violar estos derechos bajos el argumento de la soberanía, pero también en nombre de esa soberanía el Estado asume de manera voluntaria la obligación de reconocer, garantizar y proteger los DDHH. Sobrepasa esa voluntad las normas de *ius cogens*, que no requiere en ningún caso de la voluntad del Estado.

El Estado que ha ratificado la Convención Americana y asumido la competencia de la Corte interamericana, de forma voluntaria y discrecional, asume la obligación de garantizar los DDHH reconocidos en dicho tratado. Será el Estado en primer orden el que determine el lugar del DIDH y de la Convención Americana en el derecho interno, y el que incorpore los derechos consagrados en la Convención en su derecho interno y luego el que establezca el mecanismo para su adecuada protección, como principal garante de la vigencia de los DDHH bajo su jurisdicción. Así, se confía, el reconocimiento, la organización y protección de los DDHH conforme a las obligaciones asumidas, al Estado, y solo cuando éste ha fallado en esa labor, subsidiariamente, podrán actuar los órganos internacionales. Siendo ello así, una forma de medir, es decir, el termómetro para conocer la irresponsabilidad de los Estados en el cumplimiento de sus obligaciones es o sería ver los casos conocidos por los órganos internacionales.

La Convención Americana no reconoce ni hace referencia alguna al control de convencionalidad, pero desde el 2006 esta figura, entendida como una institución que se utiliza para aplicar el Derecho Internacional de los Derechos Humanos, y específicamente la Convención Americana, sus fuentes, y la jurisprudencia de la Corte, ha sido desarrollada ampliamente por la Corte interamericana al amparo de los artículos 1, 2 y 29 de la Convención Americana, especialmente, y de los artículos 26 y 27 de la CV69, y hoy en día forma parte del ADN de este sistema. En palabras de Sierra Porto, esta figura, constituye el punto de inflexión en la manera de entender el derecho en la región, así para él "los modelos de incorporación del derecho internacional en el derecho interno son las maneras en que se integra el sistema interamericano en el derecho interno"[351].

La Corte, hoy, hace uso de esta figura para exigir el cumplimiento de *corpus iuri interamericano* en el derecho interno. En un primer momento exigía realizar esta labor al órgano judicial interno, pero ha ido aumentando la lista hasta llegar a exigir a todos los órganos del Estado, quienes deben ejercer de oficio. La exigencia en un primer momento era la Convención Americana y la jurisprudencia, casos contenciosos, y hoy esta lista también se ha ampliado a las opiniones consultivas y en general a otros instrumentos del sistema interamericano, sin tener en cuenta la ratificación de los mismos por parte de los Estados Parte del sistema. De esta forma, exige a todas las autoridades de todos los Estados Parte que conozcan el *corpus iuris interamericano* y deben aplicarlas en la medida que sea pertinente para garantiza su efecto útil. Lo cierto es que no existe una base jurídica sólida que sustente la figura del control de convencionalidad en el sistema interamericano de derechos humanos.

La Corte interamericana sitúa al Derecho internacional en una posición superior al Derecho interno y ordena a sus autoridades a ejercer el control de convencionalidad por encima de su derecho interno. Olvida el papel trascendental que juega el derecho

---

[351] PORTO SIERRA, H., Reflexiones sobre los mecanismos interamericanos para el cumplimiento de las órdenes contenciosas de la Corte Interamericana de Derechos Humanos. Perspectivas de evolución y retos en MATIA PORTILLA, F.J, y ROBLEDO SILVA, P. (Directores) *Corte Interamericana de Derechos Humanos Mecanismos de cumplimiento e informes nacionales,* Tirant lo Blanch 2020, pp.16-17.

interno y sus jueces en la protección de los DDHH, y su propio papel de tipo complementario. Así, de la aplicación del control de convencionalidad se pueden advertir: la falta de argumentos jurídicos en las condiciones mencionadas, por un lado, y por otro, lo utópico e irreal que resultan las exigencias a todas las autoridades del Estado. En la práctica, esto exige el papel protagónico del Estado, que debe garantizar los derechos recogidos en la Convención y la jurisprudencia de la Corte para que sus autoridades judiciales puedan aplicarlas en el derecho interno, y ojalá todas sus autoridades, así como una adecuada capacitación; *segundo,* su eficacia, conforme lo hemos mencionado, queda en entredicho porque el grado de cumplimiento de las sentencias desde el 2006 hasta la fecha no ha mejorado de forma significativa.

La Corte interamericana no tiene forma de hacer el seguimiento al control de convencionalidad de todas las autoridades de los veinte y tres Estados Parte de la Convención y de los veinte Estados que han asumido la competencia de la Corte, más si se tiene en cuenta que la Corte no funciona de forma permanente. Además, el SIDH no cuenta con un órgano de control independiente encargado exclusivamente del seguimiento del cumplimiento de las sentencias de la Corte Interamericana de DDHH, para garantizar la efectividad de dichas decisiones, asumiendo en la actualidad esta labor la Corte. Siendo ello así, resulta imposible que la Corte pueda vigilar el cumplimiento del control de convencionalidad.

Las exigencias de la Corte a los Estados Partes van más allá de las obligaciones asumidas internacionalmente al haber ratificado la Convención Americana y asumido su competencia. La Corte puede interpretar la CADH, pero en ningún caso modificar, por cuanto ésta última, es tarea de los Estados.

Los Estados acatan "las órdenes" que emanan de la Corte, no obstante, en ocasiones, a considerar, que éstas se extralimitan en sus funciones, pero esto no debe servir para que la Corte continúe en esa línea, sino para reflexionar sobre su actuación y otorgar al Estado un margen de discrecionalidad en sus actuaciones.

La Corte debe actuar con "prudencia y cautela" a la hora exigir a cualquier órgano nacional el ejercicio del control de convencionalidad porque puede generar un efecto contrario, es decir, la desmotivación en el cumplimiento de sus decisiones, por no estar recogido en la CADH, por resultar, en la práctica, irrealizable, y hasta el retiro del Sistema. No podemos olvidar que se trata de un sistema que no cuenta con el respaldo de todos los Estados que forman parte de la OEA.

Lo importante, a fin de garantizar de la mejor forma posible la protección de los DDHH, es que cada uno, derecho interno e internacional, cumpla con sus funciones adecuada y coordinadamente, teniendo en cuenta que hay un objetivo común: la protección de los derechos humanos. Es importante fortalecer el derecho interno y mantener una relación activa y respetuosa entre el Derecho interno y el Derecho internacional, por cuanto, como dice Dulitzky, "el cambio social vendrá desde dentro de los países"[352].

No se debe olvidar, que garantizar el ejercicio efectivo de los derechos humanos no se agota con el reconocimiento en tratados, en constituciones o en otros instrumentos, sino con la voluntad política de los Estados de hacerlos realmente efectivos y medios económicos para implementarlos adecuadamente, y con el papel tan importante de los órganos internacionales judiciales o no, trabajando coordinadamente en el fin último: la protección de los derechos humanos. La efectividad no pasa por determinar qué derecho está por encima del otro, sino por pensar en la persona.

---

352 DULITZKY, A., "An Inter-American Constitutional Court...ob.cit., pp 91-93.

Bibliografía

ALBANESE S., (Coord.) *El Control de Convencionalidad,* Ediar, 2008.

ALBANESE, S., "El control de convencionalidad. La Corte Interamericana y la Corte Suprema. Convergencias y Divergencias". *Jurisprudencia Argentina,* Buenos Aires, 2007.

AYALA CORAO, C., *Del diálogo jurisprudencial al control de convencionalidad,* Editorial jurídica venezolana, Caracas, 2012.

ABRISKETA URIARTE, J., "Las sentencias piloto: el Tribunal Europeo de Derechos Humanos, de Juez a Legislador", *REDI,* vol. LXV-1, 2013.

AKEHURTS, M., *Introducción al Derecho Internacional,* Alianza, 1979.

ÁLVAREZ, F., BECERRA, J., BENÍTEZ, J., *El Constitucionalismo ante el control de convencionalidad: su debate actual,* Editorial Porrúa, México, 2015.

BERNAL, C., "Tres desafíos de legitimidad del Sistema Interamericano de Derechos Humanos", *Oxford University Press and New York University School of Law,* vol. 19, nº 4, 2022.

BRAUCH, J., "The Margin of Appreciation and the Jurisprudence of the European Court of Human Rights: Treat to the Rule of Law", *Columbia Journal of European Law,* vol. 11, 2005.

BUYSE, A., "Flying or landing? The pilot judgment procedure in the changing European human rights architecture", O. MJÖLL ARNARDÓTTIR y O. BUYSE (eds). *Shifting Centres of Gravity in Human Rights Protection. Rethinking Relations between the ECHR, EU, and National Legal Orders,* London: Routledge, 2006.

CARREAU, D., *Droit International,* Pedone, 2004.

CARRILLO SALCEDO, J. A., *Soberanía de los Estados y Derechos Humanos,* Tecnos, segunda edición, 2001.

COLARD, D., *Les Relations Internationales de 1945 à nos jours,* Paris, Masson, Coll, 1991.

DE ASÍS ROIG, R., *Las paradojas de los derechos fundamentales como límites al poder,* Instituto de Derechos Humanos Bartolomé de las Casas, Universidad Carlos III de Madrid, Dykinson, 2000.

DÍAZ BARRADO, C., *América y el Derecho Internacional,* Discurso de ingreso en la Real Academia de Jurisprudencia y Legislación de España, Real Academia de Jurisprudencia y Legislación de España, 2021.

DÍAZ BARRADO C. y DÍAZ GALÁN, E., "El valor de la democracia en el marco de la globalización: avances y retrocesos en perspectiva jurídica", *Anuario de la Facultad de Derecho. Universidad de Extremadura,* 2021, 37.

DÍAZ BARRADO, C., Algunas reflexiones sobre el individuo en el Derecho Internacional, en BARRANCO AVILÉS, M., CELADOR ANGÓN, O., VACAS, F. (coordinadores), *Perspectivas actuales de los sujetos de derecho,* Dykinson, 2012.

DÍEZ DE VELASCO, M., *Instituciones de Derecho Internacional Público,* Concepción Escobar Hernández (coordinadora), Tecnos, 18 ed., 2013.

DÍEZ DE VELASCO, M., *Las organizaciones Internacionales,* Tecnos, 15 ed., 2008.

DULITZKY, A., An Inter-American Constitutional Court? The invention of the Conventionality Control by Inter-American Court of Human Rights, *Texas International Law Journal,* 2015, vol. 40, Issue 1.

DULITZKY, A., *El control de convencionalidad,* Instituto Interamericano de Derechos Humanos, https://www.youtube.com/watch?v=wcmLmF9NKOU agosto 2018 (última vista septiembre 2022).

DULITZKY, A., *Derechos Humanos en Latinoamérica y el sistema interamericano. Modelos para (Des)armar,* Instituto de Estudios Constitucionales del Estado de Querétaro, México, 2017.

FERNÁNDEZ LIESA, C., *El derecho internacional de los derechos humanos en perspectiva histórica,* Civitas-Thomson Reuters, 2013.

FERNÁNDEZ LIESA, C., *El sistema universal de derechos humanos: teoría y realidad.* Discurso de ingreso en la Academia aragonesa de jurisprudencia y legislación, 2021.

FERNÁNDEZ LIESA, C., "Questions on theory of law in international human rights law", *The Age of Human Rights Journal,* 2020, 15.

FERRAJOLI, L., *Derechos y garantías: La ley del más débil,* Trotta, 2001.

FIX ZAMUDIO, H., "La creciente internacionalización de las Constituciones Iberoamericanas, especialmente en la regulación y protección de los derechos humanos", en *Catedra Nacional de derecho Jorge Arpizo, Reflexiones constitucionales,* VÁSQUEZ RAMOS, H. (coordinador), Universidad Nacional Autónoma de México, 2014.

FIX ZAMUDIO, H., "La necesidad de expedir leyes nacionales en el ámbito latinoamericano para regular la ejecución de las resoluciones de los organismos internacionales" en *Impacto de las sentencias de la Corte Interamericana de Derechos humanos,* colección Derechos humanos y Poder Judicial, Universidad Nacional Autónoma de México, México, 2012.

GARCÍA RAMÍREZ, S., conferencia "El control de convencionalidad: Balance y retos en el Derecho mexicano", 11 de marzo del 2021, organizado por el Tribunal Electoral del Poder Judicial de la Federación. Disponible en: https://www.youtube.com/watch?v=HwBtKonUnTU. (última visita julio 2022).

GARCÍA RAMÍREZ, S., conferencia "El Control de Convencionalidad", organizado por la Academia Mexicano de Derecho, JV, del 1 de julio del 2021, disponible en: https://www.youtube.com/watch?v=ukcycYdGtjw (última visita julio 2022).

GONZÁLEZ DOMÍNGUEZ, P., "La Relación entre la doctrina del control de convencionalidad y el Derecho nacional", *Revista Mexicana de Derecho Constitucional*, 2018, nº 38, enero-junio.

GONZÁLEZ DOMÍNGUEZ, P., "Reconfiguración de la relación entre el derecho internacional de los derechos humanos y el derecho nacional sobre la base del principio de subsidiariedad", *Anuario Mexicano de Derecho Internacional*, 2017, vol.17.

GONZÁLEZ DOMÍNGUEZ, P., *The Doctrine of Conventionality Control, Between Uniformity and Legal Pluralism in the Inter-American Human Tights System*, Intersentia, Cambridge, UK, 2018.

GREER, A. S., "The Margin of Appreciation: interpretation and discretion under the European Convention on Human Rights, Reader in Law", University of Bristol, United Kingdom, Human Right, 2000, Files Nº 170, Council of Europe Publishing, https://www.coe.int/t/dghl/cooperation/lisbonnetwork/Themis/ECHR/Paper2_en.asp

GUTIÉRREZ RAMÍREZ, L. M., "Control de constitucionalidad y control de convencionalidad: interacción, confusión y autonomía. Reflexiones desde la experiencia francesa", *Instituto Interamericano de Derechos Humanos*, 2016, nº 64.

HERRERA, J. Y FUCHS, M.C., Control de convencionalidad en los Parlamentos de los Estados Parte del Sistema Interamericano de Derechos Humanos, *Konrad Adenauer Stiftung, Programa Estado de Derecho para Latinoamérica*, Bogotá, Colombia, 2021.

HITTERS, C., "¿Son vinculantes los pronunciamientos de la Comisión y la Corte Interamericana de Derechos Humanos? (control de constitucionalidad y convencionalidad)", *Revista Iberoamericana de Derecho Procesal Constitucional*, 2008, nº 10, julio-diciembre.

HITTERS J. C., "Control de constitucionalidad y control de convencionalidad. Comparación (criterios fijados por la Corte Interamericana de Derechos Humanos)", *Estudios constitucionales*, 2009, Año 7, nº 2.

IGLESIAS VILA, M., "El control de convencionalidad y el caso Fontevecchia: ¿Es el margen de apreciación la panacea?", *Revus – Journal for Constitucional Theory and Philosophy of Law*, 2022, 46.

MANERO SALVADOR, A., "Reflexiones sobre el Derecho al frio", *Araucaria*, 2022, vol. 24, nº 49.

MEJÍA A. R., BECERRA, R., FLORES, R. (coordinadores), *El control de convencionalidad en México, Centroamérica y Panamá*, editorial Cas San Ignacio y editorial Guaymuras, Tegucigalpa, 2016.

MIRANDA BONILLA, H., *Diálogo Judicial Interamericano, entre constitucionalidad y convencionalidad*, Ediciones Nueva Jurídica, 2016.

NOVAK, F. "Los principios generales del derecho. La buena fe y el abuso del derecho", *Agenda internacional*, 1997.

NÚÑEZ POBLETE, M., "Doctrina del margen de apreciación nacional" en *Margen de apreciación de derechos humanos: proyecciones regionales y nacionales*,

ACOSTA ALVARADO P., Y NÚÑEZ POBLETE, M. (coordinadores), Instituto de Investigaciones Jurídicas, UNAM, México, 2012.

ODELLO, M., "La Corte Penal Internacional y las legislaciones nacionales: Relación entre Derecho Internacional y Derecho Nacionales", *Foro, Nueva época*, 2005, núm. 1.

ORUNESU, C., "Control de convencionalidad y supremacía de los tribunales internacionales: algunas reflexiones sobre el control de convencionalidad en el Sistema Interamericano de Derechos Humanos", *Revus – Journal for Constitucional Theory and Philosophy of Law*, 2022, 46 (on line).

PANIAGUA REDONDO, R., "Aproximación conceptual al Derecho internacional público", *Anuario de Derecho Internacional*, 1998, vol. XIV.

PECES-BARBA MARTÍNEZ, G., *Curso de Derechos Fundamentales, Teoría General*, Boletín Oficial del Estado, Universidad Carlos III de Madrid, 1999.

PÉREZ TREMPS, P., "Las garantías constitucionales y la jurisdicción internacional en la protección de los derechos fundamentales", *Anuario de la Facultad de Derecho*. Universidad de Extremadura, 1992, nº 10.

PEROTTI PINCIROLI, I., "El control de convencionalidad en el Derecho español: ¿una importación defectuosa?, *Revista Electrónica de Estudios Internacionales*, núm. 41, junio, 2021

PONS, X., "Estados soberanos y cooperación multilateral: el papel de las organizaciones internacionales", en MARTÍN Y PEREZ DE NANCLARES, J. (coord.), *Estados y Organizaciones Internacionales ante las nuevas crisis globales*, Iustel, AEPDIRI, Universidad de la Rioja, 2010.

PORTO SIERRA, H., “Reflexiones sobre los mecanismos interamericanos para el cumplimiento de las órdenes contenciosas de la Corte Interamericana de Derechos Humanos. Perspectivas de evolución y retos” en MATIA PORTILLA, F.J, y ROBLEDO SILVA, P. (directores) *Corte Interamericana de Derechos Humanos Mecanismos de cumplimiento e informes nacionales,* Tirant lo Blanch 2020.

PRIETO, L., *Estudio sobre Derechos Fundamentales,* Debate, Madrid,1990.

QUERALT JIMÉNEZ, A., “Las sentencias piloto como ejemplo paradigmático de la transformación del Tribunal Europeo de Derechos Humanos”, *Teoría y realidad constitucional,* 2018, nº 42.

QUESADA ALCALÁ, C., “El TEDH al frente de los crímenes cometidos por los Aliados en la II GM: una decisión novedosa y polémica, comentario a la sentencia *Konovoc c. Letonia,* 24 de julio de 2008”, *Revista General de Derecho Europeo* Nº 17, 2008.

QUESADA ALCALÁ, C., “Las víctimas encuentran su lugar ante el Tribunal Europeo de Derechos Humanos: una ‘satisfacción equitativa’ por la vulneración de sus derechos en las reclamaciones entre Estados (Chipre contra Turquía), *Revista de Derecho Comunitario Europeo,* 2014, nº 49.

QUISPE REMÓN, F., *El debido proceso en el Derecho internacional y en el Sistema Interamericano,* Tirant lo Blanch, 2010.

QUISPE REMÓN, F., “Ius cogens: Ausencia de Catálogo”, *Anuario Español de Derecho Internacional,* 2012, vol. XXVIII.

QUISPE REMÓN, F., “La protección de los Derechos Humanos en el Sistema Interamericano: su evolución y una visión actual”, *Anuario Español de Derecho Internacional,* 2016, vol. 32.

QUISPE REMÓN, F., *Los Derechos Humanos en el Sistema Interamericano de Derechos Humanos,* Tirant lo Blanch, 2018.

QUISPE REMÓN, F., “Medio ambiente y derechos humanos a la luz de la jurisprudencia de la Corte Interamericana de Derechos Humanos”, *Anuario Mexicano de Derecho Internacional,* 2022, nº 22.

REA GRANADOS, S., “El reconocimiento constitucional de los Derechos Humanos en Latinoamérica”, *Revista de Derechos Fundamentales,* Universidad Viña del Mar, 2014, nº 11.

REY CANTOR, E., *Control de Convencionalidad de las Leyes y Derechos Humanos,* Editorial Porrúa, México, 2008.

SÁENZ DE SANTA MARÍA, P. A., “Las dinámicas del Derecho internacional en el siglo XXI”, en MARTÍN Y PEREZ DE NANCLARES, J. (coord.), *Estados y Organizaciones Internacionales ante las nuevas crisis globales,* Iustel, AEPDIRI, Universidad de la Rioja, 2010.

SALADO, A., "Problemas que plantea la aplicación del régimen de Viena en materia de reservas a los tratados de Derechos humanos", en CARRILLO SALCEDO, J. A., *Soberanía de los Estados y Derechos Humanos,* Tecnos, segunda edición, 2001.

SHAW, M., *International Law,* 17 edit., Cambridge University Press, 2014.

SILVA ABBOT, M., "¿Es realmente viable el control de convencionalidad?", *Revista Chilena de Derecho,* 2018, vol. 45, nº 3.

SILVA GARCÍA, F., "Control de convencionalidad en México: transformaciones y desafíos", *Boletín mexicano de Derecho Comparado,* Nueva Serie XLX, núm. Extraordinario 2019, https://revistas.juridicas.unam.mx/index.php/derecho-comparado/article/view/13260/14731

TELLO MENDOZA, J., "La doctrina del control de convencionalidad: dificultades inherentes y críticas razonables para su aplicación", *Prudentia Iuris,* 2015, nº 80.

TELLO MENDOZA, J. "The Conventionality Control Doctrine of the Inter-American Court of Human Rights: a Critical Approach", Oxford Human Rights (OxHRH Blog, May 2020: https://ohrh.law.ox.ac.uk/the-conventionality-control-doctrine-of-the-inter-american-court-of-human-rights-a-critical-approach/

TRUYOL Y SERRA, A., *Historia de la Filosofía del Derecho y del Estado II. Del Renacimiento a Kant,* Alianza Editorial, 1995.

UCARYILMAZ, T. "The principle of good faith in public international law", *Estudios de Deusto, Revista de Derecho Público,* 2020, vol. 68, nº 1.

VIO GROSSI, E., "Jurisprudencia de la Corte Interamericana de Derechos Humanos: ¿del control de convencionalidad a la supranacionalidad?", *Anuario de Derecho Constitucional Latinoamericano 2015,* Colombia, Konrad Adenauer Stiftung, 2015.

ZELADA, C., *¿Son vinculantes las opiniones consultivas de la Corte Interamericana de Derechos Humanos? Una propuesta de reforma para un problema de antaño,* Promsex, Lima, 2020.

Sentencias del TPIJ y el TIJ

Asunto de los ensayos nucleares (Australia c. Francia), 20 de diciembre de 1974

SS "Wimbledom", fallo de 17 de agosto de 1923, Serie A, Nº1.

Zonas francas de la Alta Saboya y del País de Gex (Francia/Suiza), sentencia de 7 de junio de 1932, serie A/B, núm.46

Sentencias de la Corte IDH

- Corte IDH, Caso Velásquez Rodríguez vs. Honduras, sentencia de 29 de julio de 1988 (Fondo).
- Corte IDH, Caso Gangaram Panday vs Surinam, sentencia de 4 de diciembre de 1991 (Excepciones Preliminares).
- Corte IDH, Caso Garrido y Baigorria vs. Argentina, sentencia de 27 de agosto de 1998 (Reparaciones y Costas).
- Corte IDH, Caso Castilla Petruzzi vs. Perú, sentencia de 4 de septiembre de 1998 (Excepciones Preliminares).
- Corte IDH, Caso Castillo Petruzzi vs. Perú, sentencia de 30 de mayo de 1999 (Fondo, Reparaciones y Costas).
- Corte IDH, Caso Niños de la Calle "Villagrán Morales y otros" vs. Guatemala, sentencia de 19 de noviembre de 1999.
- Corte IDH, Caso Myrna Mack Chang vs. Guatemala, sentencia de 25 de noviembre de 2003 (Fondo, Reparaciones y Costas).
- Corte IDH, Caso Tibi vs. Ecuador, sentencia de 7 de septiembre de 2004 (Excepciones Preliminares, Fondo, Reparaciones y Costas).
- Corte IDH, Caso López Álvarez vs. Honduras, sentencia de 1 de febrero de 2006 (Fondo, Reparaciones y Costas).
- Corte IDH, Caso Almonacid Arellano y otros vs. Chile, sentencia de 26 de septiembre de 2006 (Excepciones preliminares, Fondo, Reparaciones y Costas).
- Corte IDH, Caso Vargas Areco vs. Paraguay, sentencia de 26 de septiembre de 2006.
- Corte IDH, Caso Trabajadores Cesados del Congreso (Aguado Alfaro y otros) vs. Perú, sentencia de 24 de noviembre de 2006 (Excepciones preliminares, Fondo, Reparaciones y Costas).
- Corte IDH, Caso Acevedo Jaramillo vs. Perú, sentencia del 24 de noviembre del 2006 (Interpretación de la sentencia de Excepciones Preliminares, Fondo, Reparaciones y Costas).
- Corte IDH, Caso La Cantuta vs. Perú, sentencia de 29 de noviembre de 2006 (Fondo, Reparaciones y Costas).
- Corte IDH, Caso Zambrano Vélez y otros vs. Ecuador, sentencia de 4 de julio de 2007 (Fondo, Reparaciones y Costas).
- Corte IDH, Caso Boyce y otros vs. Barbados, sentencia de 20 de noviembre de 2007 (Excepción Preliminar, Fondo, Reparaciones y Costas).
- Corte IDH, Caso Trabajadores Cesados del Congreso (Aguado Alfaro y otros vs. Perú), sentencia de 30 de noviembre de 2007 (solicitud de

interpretación de la sentencia de Excepciones Preliminares, Fondo, Reparaciones y Costas).

- Corte IDH, Caso Heliodoro Portugal vs. Panamá, sentencia de 12 de agosto de 2008 (Excepciones preliminares, Fondo, Reparaciones y Costas).
- Corte IDH, Caso Perozo y otros vs. Venezuela, sentencia de 28 de enero de 2009 (Excepciones preliminares, Fondo, Reparaciones y Costas).
- Corte IDH, Caso Radilla Pacheco vs. Estados Unidos Mexicanos, sentencia de 23 de noviembre de 2009 (Excepciones Preliminares, Fondo, Reparaciones y Costas).
- Corte IDH, Caso Fernández Ortega y otros vs. México, sentencia de 30 de agosto de 2010 (Excepción Preliminar, Fondo, Reparaciones y Costas).
- Corte IDH, Caso Valentina Rosendo Cantú y otra vs. México, sentencia de 31 de agosto de 2010 (Excepción Preliminar, Fondo, Reparaciones y Costas).
- Corte IDH, Caso Ibsen Cárdenas e Ibsen Peña vs. Bolivia, sentencia de 1 de septiembre de 2010 (Fondo, Reparaciones y Costas).
- Corte IDH, Caso Vélez Loor vs. Panamá, sentencia de 23 de noviembre de 2010 (Excepciones Preliminares, Fondo, Reparaciones y Costas).
- Corte IDH, Caso Gomes Lund y otros (Guerrilha do Araguaia) vs. Brasil, sentencia de 24 de noviembre de 2010 (Excepciones preliminares, Fondo, Reparaciones y Costas).
- Corte IDH, Caso Palacio Urrutia y Otros vs. Ecuador, sentencia de 24 de noviembre de 2021 (Fondo, Reparaciones y Costas).
- Corte IDH, Caso Cabrera García y Montiel Flores vs. México, sentencia de 26 de noviembre de 2010 (Excepciones preliminares, Fondo, Reparaciones y Costas).
- Corte IDH, Caso Chocrón Chocrón vs. Venezuela, sentencia de 1 de julio de 2011 (Excepción Preliminar, Fondo, Reparaciones y Costas).
- Corte IDH, Caso Fontevecchia y D'amico vs. Argentina, sentencia de 29 de noviembre de 2011 (Fondo, Reparación y Costas).
- Corte IDH, Caso Atala Rifo y Niñas vs. Chile, sentencia de 24 de febrero de 2012 (Fondo Reparaciones y Costas).
- Corte IDH, Caso Furlan y familiares vs. Argentina, sentencia de 31 de agosto de 2012 (Excepciones preliminares, Fondo, Reparaciones y Costas).

- Corte IDH, Caso Masacres de Río Negro vs. Guatemala, sentencia de 4 de septiembre de 2012 (Excepciones Preliminares, Fondo, Reparaciones y Cotas).
- Corte IDH, Caso Nadege Dorzema y Otros vs. República Dominicana, sentencia de 24 de octubre de 2012 (Fondo, Reparaciones y Costas).
- Corte IDH, Caso Gudiel Álvarez y Otros ("Diario Militar") vs. Guatemala, sentencia de 20 de noviembre de 2012 (Fondo, Reparaciones y Costas).
- Corte IDH, Caso Apitz Barbera y Otros ("Corte primera de lo contencioso administrativo") vs. Venezuela, supervisión de cumplimiento de sentencia, 23 de noviembre de 2012.
- Corte IDH, Caso Santo Domingo vs. Colombia, sentencia de 30 de noviembre de 2012 (Excepciones Preliminares, Fondo y Reparaciones).
- Corte IDH, Caso Gelman vs. Uruguay, supervisión de cumplimiento de sentencia de 20 de marzo de 2013.
- Corte IDH, Caso Mendoza y Otros vs. Argentina, sentencia de 14 de mayo de 2013 (Excepciones Preliminares, Fondo y Reparaciones).
- Corte IDH, Caso Suárez Peralta vs. Ecuador, sentencia de 21 de mayo de 2013 (Excepciones Preliminares, Fondo, Reparaciones y Costas).
- Corte IDH, Caso Gutiérrez y familia vs. Argentina, sentencia de 25 de noviembre de 2013 (Fondo, Reparaciones y Costas).
- Corte IDH, Caso Osorio Rivera y Familiares vs. Perú, sentencia de 26 de noviembre de 2013 (Excepciones Preliminares, Fondo, Reparaciones y Cotas).
- Corte IDH, Caso Liakat Ali Alibux vs. Surinam, sentencia de 30 de enero de 2014 (Excepciones Preliminares, Fondo, Reparaciones y Costas).
- Corte IDH, Caso Norín Catrimán y otros vs. Chile, (Dirigentes, miembros y activista del Pueblo Indígena Mapuche), sentencia de 29 de mayo de 2014 (Fondo y Reparaciones).
- Corte IDH, Caso Dos personas dominicanas y ahitianas expulsadas vs. República Dominicana, sentencia de 28 de agosto de 2014 (Excepciones Preliminares, Fondo, Reparaciones y Costas).
- Corte IDH, Caso Rochac Hernández y Otros vs. El Salvador, sentencia de 14 de octubre de 2014 (Fondo, Reparaciones y Costas).
- Corte IDH, Caso López Lone y otros vs. Honduras, sentencia de 5 de octubre de 2015 (Excepciones Preliminares, Fondo, Reparaciones y Costas).

- Corte IDH, Caso Andrade vs. Bolivia, sentencia de 1 de diciembre de 2016 (Fondo, Reparaciones y Costas).
- Corte IDH, Caso Azul Rojas Marín y Otra vs. Perú, sentencia de 12 de marzo de 2020 (Excepciones Preliminares, Fondo, Reparaciones y Costas).
- Corte IDH, Caso Urrutia Laubreaux vs. Chile, sentencia de 27 de agosto de 2020 (Excepciones Preliminares, Fondo, Reparaciones y Costas).
- Corte IDH, Caso Fernández Prieto y Tumbeiro vs. Argentina, sentencia de 1 de septiembre de 2020 (Fondo y Reparaciones).
- Corte IDH, Caso Ríos Ávalos y otros vs. Paraguay, sentencia de 19 de agosto de 2021 (Fondo Reparaciones y Costas).
- Corte IDH, Caso Villaroel Merino y otros vs. Ecuador, sentencia de 24 de agosto de 2021 (Excepciones preliminares, Fondo, Reparaciones y Costas).
- Corte IDH, Caso de los buzos Miskitos (Lemoth Morris y Otros) vs. Honduras, sentencia de 31 de agosto de 2021 (Acuerdo solución amistosa).
- Corte IDH, Caso Barbosa de Souza y otros vs. Brasil, sentencia de 7 de septiembre de 2021 (Excepciones Preliminares, Fondo, Reparaciones y Costas).
- Corte IDH, Caso Familia Julien Grisonas vs. Argentina, sentencia de 23 de septiembre de 2021 (Excepciones Preliminares, Fondo, Reparaciones y Costas).
- Corte IDH, Caso Cuya Lavy y otros vs. Perú, sentencia de 28 de septiembre de 2021 (Excepciones preliminares, Fondo, Reparaciones y Costas).
- Corte IDH, Caso Manuela y otros vs. El Salvador, sentencia de 2 de noviembre de 2021 (Excepciones Preliminares, Fondo, Reparaciones y Costas).
- Corte IDH, Caso profesores de Chañaral y otras Municipalidades vs. Chile, sentencia de 10 de noviembre de 2021 (Excepciones Preliminares, Fondo, Reparaciones y Costas).
- Corte IDH, Caso Maidanik y Otros vs. Uruguay, sentencia de 15 de noviembre de 2021 (Fondo y Reparaciones).
- Corte IDH, Caso Extrabajadores del organismo judicial vs. Guatemala, sentencia de 17 de noviembre de 2021 (Excepciones Preliminares, Fondo y Reparaciones).

- Corte IDH, Caso Federación Nacional de Trabajadores Marítimos y Portuarios (FEMAPOR) vs. Perú, sentencia de 1 de febrero de 2022 (Excepciones Preliminares, Fondo y Reparaciones).
- Corte IDH, Caso Pavez Pavez vs. Chile, sentencia de 4 de febrero de 2022 (Fondo, Reparaciones y Costas).
- Corte IDH, Caso Valencia Campos y otros vs. Bolivia, sentencia de 18 de octubre de 2022 (Excepción Preliminar, Fondo, Reparaciones y Costas).
- Corte IDH, Caso Tzompaxtle Tecpile y otros vs. México de 7 de noviembre de 2022 (Excepción Preliminar, Fondo, Reparaciones y Costas).
- Opiniones consultivas de la Corte IDH
- Corte IDH, El efecto de las reservas sobre la entrada en vigencia de la Convención Americana de Derechos Humanos. Opinión Consultiva OC-2/82 de 24 de septiembre de 1982.
- Corte IDH, La colegiación obligatoria de periodistas (Arts. 13 y 29 de la Convención Americana sobre Derechos Humanos). Opinión Consultiva OC-5/85, de 13 de noviembre de 1985.
- Corte IDH, La expresión "Leyes" en el artículo 30 de la Convención Americana de Derechos Humanos. Opinión Consultiva OC-6/86 de 9 de mayo de 1986.
- Corte IDH, Responsabilidad internacional por expedición y aplicación de leyes de la Convención (Arts.1 y 2 Convención Americana sobre Derechos Humanos), Opinión Consultiva OC-14/94, de 9 de diciembre de 1994.
- Corte IDH, Condición jurídica y derechos de los migrantes indocumentados, Opinión Consultiva OC-18/03, de 17 de septiembre de 2003.
- Corte IDH, Derechos y garantías de niños y niñas en el contexto de la migración y/o en necesidad de protección internacional. Opinión Consultiva OC-21/14 de 19 de agosto de 2014.
- Corte IDH, Titularidad de derechos de las personas jurídicas en el Sistema Interamericano de Derechos Humanos (Interpretación y alcance del artículo 1.2 en relación con los artículos 1.1, 8, 11.2,13,16, 21,24,25,29,30,44,46 y 62.3 de la Convención Americana sobre Derechos Humanos, así como del artículo 8.1 A y B del Protocolo de San Salvador. Opinión Consultiva OC-22/16 de 26 de febrero de 2016.
- Corte IDH, La institución del asilo y su reconocimiento como derecho humano en el Sistema Interamericano de protección (interpretación y alcance de los artículos 5, 22.7, y 22.8, en relación con el artículo 1.1 de

la Convención Americana sobre Derechos Humanos. Opinión Consultiva OC-25/18 de 30 de mayo de 2018.

- Corte IDH, Derechos a la libertad sindical, negociación colectiva y huelga, y su relación con otros derechos, con perspectiva de género (interpretación y alcance de los artículos 13, 15, 16, 24, 25 y 26, en relación con los artículos 1.1 y 2 de la Convención Americana sobre Derechos Humanos, de los artículos 3,6,7 y 8 del Protocolo de San Salvador, de los artículos 2,3,4,5 y 6 de la Convención de Belem do Pará, de los artículos 34, 44 y 45 de la Carta de los Estados Americanos, y de los artículos II, IV, XIV, XXI y XXII de la Declaración Americana de los Derechos y Deberes del Hombre). Opinión Consultiva OC-27/21, de 5 de mayo de 2021.

Comité de Derechos Humanos

- Comité de Derechos Humanos, Observación General nº 24, observación general sobre cuestiones relacionadas sobre las reservas formuladas con ocasión de la ratificación del Pacto o de sus Protocolos facultativos, o de adhesión a ellos, o en relación con las declaraciones hechas de conformidad con el artículo 41 del Pacto, 52º periodo de sesiones. U.N. Doc.HRI/GEN/1/Rev.7 at 187 (1994).

Tribunal Europeo de Derechos Humanos

- TEDH, Caso Broniowski vs. Polonia (2004)
- TEDH, Caso Shalk y Kopf vs. Austria (2010)
- TEDH, Caso Lautsi y otros vs. Italia (2011)
- TEDH, Caso Chapin et. Charpentier vs. Francia (2016)

Otros

- STC 140/2018 de 20 de diciembre
- Declaración sobre el Sistema Interamericano de Derecho Humanos, Asunción 23 de abril de 2019, publicado el 24 de abril. https://www.mre.gov.py/index.php/noticias-de-embajadas-y-consulados/gobiernos-de-argentina-brasil-chile-colombia-y-paraguay-se-manifiestan-sobre-el-sistema-interamericano-de-derechos-humanos

tirant
PRIME

Inteligencia jurídica
en expansión

Trabajamos para
mejorar el día a día
del **operador jurídico**

Adéntrese en el universo
de **soluciones jurídicas**

96 369 17 28

atencionalcliente@tirantonline.com

prime.tirant.com/es/